香港嬗變

「一國兩制」
香港實踐與管治演進

靖海侯 著

責任編輯　　林　冕
責任校對　　阿　江
書籍設計　　道　轍

書　　名　　**香港嬗變："一國兩制"香港實踐與管治演進**
著　　者　　靖海侯
出　　版　　三聯書店（香港）有限公司
　　　　　　香港北角英皇道 499 號北角工業大廈 20 樓
　　　　　　Joint Publishing (H.K.) Co., Ltd.
　　　　　　20/F., North Point Industrial Building,
　　　　　　499 King's Road, North Point, Hong Kong
發　　行　　香港聯合書刊物流有限公司
　　　　　　香港新界荃灣德士古道 220-248 號 16 樓
印　　刷　　美雅印刷製本有限公司
　　　　　　香港九龍觀塘榮業街 6 號 4 樓 A 室
版　　次　　2023 年 7 月香港第一版第一次印刷
規　　格　　大 32 開（140mm×210mm）288 面
國際書號　　ISBN 978-962-04-5331-1

© 2023 Joint Publishing (H.K.) Co., Ltd.
Published & Printed in Hong Kong, China.

一切都是為了香港好

靖海侯

"歷經風雨後，香港浴火重生。"回歸祖國二十五週年之際，國家主席習近平視察香港，他在高鐵西九龍站所講的一番話，對經歷過 2019 年修例風波的你我來說，必有無限的感慨。往事紛繁，時勢更新，長期波詭雲譎的香港雲開霧散，從由亂到治走向由治及興，過往太多的沉重終於可以卸去了。

這時候的香港，恰處在一個特殊的歷史節點上。

香港基本法規定："香港特別行政區不實行社會主義制度和政策，保持原有的資本主義制度和生活方式，五十年不變。"曾經，因為表面時間上的有限和政治信任上的薄弱，"五十年不變"成為一個"魔咒"，"2047 迷思"在香港彌散。在香港社會部分人心中，1997 年回歸祖國恰是"一國兩制"倒計時的開始，而隨後發生的一個又一個風波、爆發的一次又一次危機，乃至香港淪為中國的乃至世界的"政治風暴眼"，無不與此有關。

問題日積月累，終於在 2019 年全面暴發，"東方之珠"成為"動亂之城"，上演了一場驚心動魄的"顏色革命"。那時候，我每每到暴亂暴動現場，看著烏泱泱一衆黑衣暴徒的歇斯底里和暴戾猙獰，心中常有盛不下的憤怒與哀傷，更清晰地預見了香港必要的將至的全面徹底的撥亂反正。中央港澳工作領導小組常務副組長、國務院港澳事務辦公室主任夏寶龍在一次講話中說："保國家安全，就是保'一國兩制',就是保香港繁榮發展。""國安家好",正是人們穿透政治迷霧、穿越歷史滄桑得到的最直接的啟示、最深刻的教訓、最樸素真切的感悟。

習近平主席說,"香港不能亂也亂不起"。經歷這麼多,對香港亂與不亂、變與不變,以及對她什麼是好什麼是壞、她當該何去何從的認識,各方都明朗開闊起來。事實是,2019 年的嚴峻局面和動盪不安,既驚醒了香港社會,也客觀上加速了香港管治的全面迭代。

"一國兩制"作為前無古人的偉大創舉,一直在步步暗礁中探索行進。香港回歸後的很多年,中央給予了最大的誠意,保持了最大的耐心,展現了最大的定力,期望特區有自覺自發的進步,健全她維護"一國"的制度體系,重建她回歸"一國"的社會基礎,塑造她融入"一國"的主流價值,認識到落實"一國"原則相比於保持慣性延續"兩制"的更為必要與緊迫。

可惜的是,香港並未把握住中央留給她自我校準的發展時間和管治空間,單是基本法所規定的二十三條立法任務就遲遲沒有完成。積弊未除,新疾又發,基本法為特區設定的行政主導體制,在反中亂港勢力肆意挑釁下,也逐漸走向支離破碎。可以說,2019年後,中央履行全面管治權,采取制定實施香港國安法、完善特區選舉制度等一系列標本兼治的重大舉措,是非常時期的力挽狂瀾,也是審視"一國兩制"香港實踐後的正本清源。這些里程碑式的舉措,發生在"五十年不變"的中期,從一開始就註定了寫入歷史、奠基未來的重大意義。

有力的撥亂反正,釐清了香港的大是大非,實現了香港的大破大立,帶來了香港的嬗變。人們都可以看到的是,今天的香港已經跨入了一個新階段,她的政治格局與法律秩序、管治邏輯與治理模式、公共文化與社會生態，她作為資本主義社會的運行機制和發展路線，都在重新找到基準後與時俱進了。香港——中國的這一特別行政區，正逐漸形成新的安全體系和動能系統。

這幾年，我親歷其中，亦觀察亦參與，亦記錄亦思考，陸陸續續寫下上百萬文字、200餘篇文章，用特定視角注視著香港前進的每一步。受很多人士鼓勵，我精選其中57篇結集出版。這些文章，意在呈現香港由亂到治的進程，彰顯香港管治演進的軌跡，通透"一國兩制"實踐的情勢與趨勢。我最想在這些文章中與讀者分享和討論的，就是如何在國家發展的大背景、"一國兩制"的大方針下，讀懂中央的管治舉措及其背後的邏輯，看清"一國兩制"香港實踐的現實面貌及其未來的走向，體悟到中央在香港所做的一切，都是為了香港好、為了香港同胞好。這也正是本書的主題：聚焦分析中央管治舉措，透視香港嬗變的真相，幫助大家把握香港規律性的變化，預見"一國兩制"確定性的發展。

夏寶龍主任曾說，"五十年不變"是一個"哲學概念"。"一國兩制"香港實踐未有窮期，我們都在各自位置，以各種角色，用各種方式守護著它。以我的理解，習近平主席在慶祝香港回歸祖國二十五週年大會上表達的希望——"願將黃鶴翅，一借飛雲空"，這最大的"黃鶴翅"就是"中華民族偉大復興已經進入不可逆轉的歷史進程"。把握住這一浩蕩潮流，全面準確貫徹"一國兩制"方針，管治演進後的香港將走得更穩、更好、更快，在民族復興、強國建設中大有作為。

為了"一國兩制"實踐行穩致遠，中央和香港社會已經付出且還在付出著不懈的努力。塵埃落定，鉛華洗盡，確定性的方針正帶來香港確定性的發展。保持清醒堅定，堅持相向而行，大家一定會看到香港更美好的明天。

目錄

第一部分

讀懂中央聲音

透過二十大報告，
看見香港確定性的未來

2022.10.19

一

看五年之變，看十年之變，可以發現國家變化之巨、國家治理之力，更能發現香港變化之巨、特區管治之力。

從面臨的形勢到發展的態勢，從工作的方位到奮鬥的方向，從要解決的、完善的到要落實的、提升的，時代前進了，社會發展了，"一國兩制"的新篇章打開了。

二十大報告涉港內容，要精讀、細品、深思，關於香港未來的一切，都已確定性地蘊含並昭示其中了。

二

更準確且深刻地理解二十大報告相關內容，需要回到五年前的十九大報告。關於"一國兩制"和香港，關於已經取得的成就和將要部署的行動，十九大報告和二十大報告有諸多相同，有諸多不同。這些相同，體現的是不變的路線和方針、管治的邏輯和規律；這些不同，體現的是時代的課題與風貌、管治的進行時和將來時。

把握這些相同，就能把握"一國兩制"戰略層面上的確定的穩定的發展方向，實踐就不會變形走樣，香港就不會迷茫錯失；把握這些不同，就能把握"一國兩制"戰術層面上的具體的清晰的發展動向，實踐就可以在豐富中發展，香港就可以在時代中前進。

學習二十大報告精神，就是要把握報告所傳遞的發展變化的確定性，看到"一國兩制"香港事業的應然和必然，據此認識並適應形勢、建立並鞏固預期、跟進並開始行動，駕馭並創造香港新的變化。

三

關於香港局勢，從黨的十九大報告到二十大報告，有"三重論述"。

1. 十九大前

十九大報告指出，"保持香港繁榮穩定"，即十九大前的階段，香港總體上保持了繁榮穩定。

2. 二十大前

二十大報告指出，"面對香港局勢動盪變化"，"香港局勢實現由亂到治的重大轉折"，"推動香港進入由亂到治走向由治及興的新階段，香港、澳門保持長期繁榮穩定良好態勢"，即二十大前的階段，香港局勢從不定走向穩定、從變局走向定局。

3. 二十大後

二十大報告指出，"保持香港、澳門資本主義制度和生活方式不變，促進香港、澳門長期繁榮穩定"。

可以看出，相比十九大的相關論述，二十大報告對香港局勢的判斷更為果斷、更為堅定，對香港態勢的判斷更加自信、更為樂觀。

關於香港的未來，二十大報告提供了"兩個確定性"：一是"兩制"及香港特殊地位和優勢的確定性；二是香港實現重大轉折後進一步鞏固夯實社會穩定大局的確定性。在香港繁榮穩定上，二十大報告加上了"長期"和"促進"兩個詞，其指明的，就是保持香港長期繁榮穩定的環境條件更加完備。香港長期繁榮穩定由此不僅是一個總體的理想的戰略上的概念，還進化為一個實際的牢靠的可持續的狀態，

這些所折射的，正是中央對"一國兩制"、對"一國兩制"香港事業前所未有的戰略自信和道路自信。

四

關於管治香港，從黨的十九大報告到二十大報告，有"三層遞進"。

1. 十九大前

十九大報告指出，"全面準確貫徹'一國兩制'方針，牢牢掌握憲法和基本法賦予的中央對香港、澳門全面管治權"。這一階段，所凸顯的是中央履行對港全面管治權的法律層面和總體狀態。

2. 二十大前

二十大報告指出：1."依照憲法和基本法有效實施對特別行政區的全面管治權，落實'愛國者治港'原則"；2."全面準確推進'一國兩制'實踐，堅持'一國兩制'、'港人治港'、高度自治的方針"。這一階段，所體現的是中央履行對港全面管治權的實踐層面和具體形態。

3. 二十大後

二十大報告指出：1. 全面準確、堅定不移貫徹"一國兩制"，

維護特區憲制秩序"；2. 推進"三個落實"——落實中央全面管治權、落實"愛國者治港"原則、落實特區維護國家安全的法律制度和執行機制；3. 堅持行政主導，支持特區提升治理能力和管治水平，完善特區司法制度和法律體系。這一階段，所昭示的是中央履行對港全面管治權將有的不斷鞏固、全面深化和系統性增強，以及制度化實踐的新常態。

可以看出，相比十九大的相關論述，二十大報告在中央對港履行全面管治權上，戰略定位上更主動，機制安排上更多元，行動部署上更周密、更頻密。

二十大報告強調"落實"，注重"效度"，著力實現"長效"，亦致力達成中央和特區兩個層面管治香港理念、方法、行動的完全統一。這將從根本上劃除管治香港的"模糊性地帶"，杜絕特區方面對中央履行全面管治權和行政主導可能的"拉扯"。由此，香港今後的政治運作體系和特區治理模式已經無比清晰。

五

二十大報告的"四個關鍵字"，指明了"一國兩制"香港實踐的"四大任務"。

1. "堅持"（6 處）

——"一國兩制"必須長期堅持；

——堅持依法治港；

——堅持"一國兩制"制度體系；

——堅持中央全面管治權和保障特區高度自治權相統一；

——堅持行政主導；

——保持香港資本主義制度和生活方式長期不變。

"堅持"所體現的,是治港的總方針和基本邏輯、"一國兩制"和香港最底層和最主要的確定性,是所有管治香港舉措的起點和基準。

把握住這些"堅持",就把握了"一國兩制"香港事業正確的發展方向,就能確保"一國兩制"香港實踐始終在正確軌道上,也就能把握住香港的核心課題,洞悉香港不變的未來。

2. "完善"(2 處)

——完善"一國兩制"制度體系;

——支持特區完善特區司法制度和法律體系。

"完善"所體現的,是治港的戰略思考和戰略規劃,是今後一段時期內要研究要破解的重大管治課題、要推進要完成的重大管治動作。於此方面,二十大報告從中央和特區兩個層面分別明確任務,體現了對治港工作體系的整體性佈局、一體化推進、全方位提升。

2020 年,在全國人大作出建立健全特區維護國家安全的法律制度和執行機制的決定時,筆者就曾分析,相關管治動作不限於制定頒佈香港國安法,會陸續有之。此後於 2021 年完成的完善特區選舉制度,以及將來要頒佈的其他舉措等,都是這種"完善"的表現和繼續。

在完善中發展,在實踐中進步,"完善'一國兩制'制度體系"將是一種常態。

3. "落實"(3 處)

——落實中央全面管治權;

——落實"愛國者治港"原則;

——落實特區維護國家安全的法律制度和執行機制。

　　"落實"所體現的，是治港的具體實踐要求和行動部署，是要求堅定既有決策部署意志，鞏固既有制度安排成果，保證治港工作有信度、具力度、出效度。

　　"落實"還傳遞出一種信號，即治港工作將保持的穩定性、制度安排將保持的長期性。譬如對完善後的特區選舉制度，中央就已明確"必須長期堅持"。

　　4. "支持"（7 處）

　　——支持行政長官和特區政府依法施政；

　　——（支持）提升全面治理能力和管治水平；

　　——（支持）完善特區司法制度和法律體系；

　　——支持香港發展經濟、改善民生、破解經濟社會發展中的深層次矛盾和問題；

　　——（支持）發揮香港優勢和特點；

　　——支持香港更好融入國家發展大局；

　　——（支持）發展壯大愛國愛港力量。

　　"支持"所體現的，是中央對治港工作香港層面的重視和關懷，是中央秉持的管治理念和努力，也是對香港方面的期望和要求。

　　二十大報告提出的這些"支持"，涵蓋香港政治、經濟、民生、社會各方面，都有具體內容作指引和支撐。這些"支持"，足以形成特區本地管治施政的基本理念、主要方向和工作重點。

　　方向要明、定位要準、基礎要實、政治要強、經濟要好、社會要穩，從二十大報告看，中央對香港提供了既全面又精準的"支持"，也給特區列出了目標任務和工作清單。

　　所應"堅持"的不動搖，所應"完善"的不止步，所應"落實"

的不懈怠，所應 "支持" 的不惜力——二十大報告提出的這 "四大任務"（十八個要點），勾勒出了今後一個階段內管治香港的基本形態和整體面貌。

六

對比十九大報告，深入學習二十大報告，中央管治香港的歷史邏輯、生動現實和未來圖景清晰起來。

在二十大報告中，還有一個很重大的表述上的調整，體現了中央管治香港的思路之變。在展望和論述新的使命任務部分，關於 "一國兩制"，十八大是 "豐富 '一國兩制' 實踐"，十九大報告是 "堅持 '一國兩制'"，二十大報告則是 "堅持和完善 '一國兩制'"。

近十五年來，從十八大到二十大，"一國兩制" 相關論述從實踐層面回到制度層面，再從制度層面提升至制度與實踐的統一，映照出 "一國兩制" 香港事業的歷史足跡、經歷的風險挑戰，也呈現出 "一國兩制" 香港實踐在實踐中不斷成熟的進程、不斷發展的趨勢、不斷創新的未來。

亦堅持亦完善，亦守正亦創新，二十大報告中的這每一句話、每一個詞，都標誌著它重要的歷史意義，標註著它統籌過去、現在和未來的深刻用意。

七

讀懂二十大報告，就看清了香港確定性的未來。

要讀懂二十大報告，除了要讀懂 "一國兩制" 和涉港的相關論述，還要讀懂二十大報告的主題和主體內容，通過理解體會黨和國家的"最大確定性",進一步確認香港的確定性。一個"指導思想"、兩個"確立"、一個"中心任務"、四條"必由之路"……這是香港最大的大局。

一直以來的事實就是,黨和國家的確定性,決定著香港的確定性。

香港的意義
—— 談 2023 年全國兩會涉港論述

2023.03.14

一

3 月 13 日，十四屆全國人大一次會議閉幕會上，國家主席習近平發表講話。談到"一國兩制"實踐和祖國統一大業，他說，"推進強國建設，離不開香港、澳門長期繁榮穩定"。關於香港的地位和作用，中央有了最新論斷。

二

地位上的獨特性和作用上的特殊性，一直是香港的固有屬性。

建國後，以毛澤東為代表的中共第一代領導集體即確立了"長期打算，充分利用"的戰略決策。1963 年 8 月 9 日，毛澤東同索馬里總理阿卜迪拉希德·阿里·舍馬克談話時說："香港人就是我們中國人。香港是通商要道，如果我們控制它，對世界貿易、對我們對世界的貿易都不利……"

進入鄧小平年代，香港回歸問題擺上桌面、提上日程，中央對充分利用香港獨特地位和優勢的認識具體化。

1988 年 6 月 3 日，鄧小平在會見"九十年代的中國與世界"國際會議全體與會者時說："對香港的政策，我們承諾了一九九七年以後五十年不變，這個承諾是鄭重的。為什麼說五十年不變？這是有根據的，不只是為了安定香港的人心，而是考慮到香港的繁榮和穩定同中國的發展戰略有著密切的關聯。"

可以說，保持香港繁榮穩定，並以香港的繁榮穩定貢獻國家的戰略發展，始終是中央面對香港問題一以貫之的理念和追求。

到了江澤民時期，這一戰略定位進一步發展為基本國策。1990年3月20日，江澤民在會見新加坡國會議員、總理政治秘書吳博韜時說："一九九七年後，英國在香港還有相當大的利益。我在給撒切爾夫人的回信中說，保持香港穩定繁榮是我們的基本國策，香港穩定繁榮對雙方都有利。"

關乎民族的根本利益，關乎國家的長遠發展，關乎社會主義建設的戰略全局——這就是香港一直以來被確立的地位、被賦予的角色，功能作用始終被高度重視的原因和意義。

三

1997年，香港回歸。

"一國兩制"落地實踐，因為資本主義制度和生活方式保持不變，國際金融、貿易、航運中心地位得到鞏固支持，香港的獨特地位和優勢得以延續和發展。

地緣優勢不變，"兩制"優勢凸顯，政策優勢和發展紅利被不斷注入，回歸後，香港在國家發展戰略全局中的作用被極大地增強。

更為關鍵的是，"作為直轄於中央政府的一個特別行政區，香港從回歸之日起，重新納入國家治理體系"，中央發揮香港作用和香港貢獻國家治理的體制機制、空間舞台、能力資源，從此更順暢、更直接、更完備。

到了今天，在制定香港國安法和完善特區選舉制度後，香港大局穩定、形勢可控，中央發揮香港作用的環境條件整體優化，開始進入"如身使臂，如臂使指"的階段。

四

民族復興夢提出，新時代來臨，與國家提升的戰略規劃同步，香港的地位和作用有了新的意義。

2022年7月1日，香港回歸祖國二十五週年紀念日，習近平在慶祝大會上強調："香港積極融入國家發展大局、對接國家發展戰略，繼續保持高度自由開放、同國際規則順暢銜接的優勢，在構建我國更大範圍、更寬領域、更深層次對外開放新格局中發揮著重要功能。"2022年10月16日，習近平在中共二十大報告中指出："推進粵港澳大灣區建設，支持香港、澳門更好融入國家發展大局，為實現中華民族偉大復興更好發揮作用。"2023年3月13日，習近平又作出"推進強國建設，離不開香港、澳門長期繁榮穩定"的重大論斷。

香港工作，正是"國之大者"！

1. 香港工作不只是香港方面的工作；2. 中央謀劃香港工作始終立足全局；3. 香港工作關乎"一國兩制"事業；4. 香港工作關乎中國式現代化；5. 香港工作關乎祖國完全統一；6. 香港工作關乎民族偉大復興。

角色不可或缺、地位不同尋常、作用不可替代，於國家和民族而言，香港的意義不局限於經濟、不止步於過去、不停留在"政治特區"和"本地發展"層面——這才是理解"一國兩制"、理解香港、理解"香港工作"，以及理解和推動特區政府施政應有的視野和站位、理念和格局。

五

"強國建設＋民族復興",是 2023 年兩會的一個新提法。

站起來、富起來、強起來——國家和民族發展三階段,目前正在"強起來"的過程中。"強起來"的目標和標誌是民族復興,"強起來"的方法和路徑是"強國建設"。通過"強國建設"實現"民族復興",就是國家的新征程。

"推進強國建設,離不開香港、澳門長期繁榮穩定。"其含义就是:港澳長期繁榮穩定,既是強國建設的前提,也是強國建設的動能,還是強國建設的任務,是必要條件也是內在要求,是方法也是方向,是實踐內容也是實踐成果。而"離不開"的含義,就是"不能不保持香港、澳門長期繁榮穩定",將"港澳長期繁榮穩定"提升為強國建設的基準設定、安全的基本代碼、開放的基礎設施,進一步突出了港澳發展對國家發展的重要意義。

這句話所體現的,正是中央對港澳前所未有的重視。

六

一域關乎全局。作為"國之大者",香港貢獻強國建設,可以有很多表現。

對於香港的地位和作用,國家主席習近平有過多次論述。而最全面最系統最直接的,當屬 2018 年 11 月 12 日他在人民大會堂會見香港澳門各界慶祝國家改革開放四十週年訪問團時的講話。講話中,他提出 4 點希望:更加積極主動助力國家全面開放;更加積極主動融入國家發展大局；更加積極主動參與國家治理實踐；更加積極主動促進國際人文交流。

把握這些方面，就能把握香港的地位，就能把握住香港發揮作用的空間。

經濟建設上：①參與國家高品質發展＋②助力國家高水平開放；

政治建設上：①提供“一國兩制”實踐樣本＋②打造資本主義治理樣本；

文化建設上：①發展中外文化藝術交流中心＋②優化全球合作交流模式；

社會建設上：①豐富國家的社會治理經驗＋②啟示國家的社會治理模式創新；

生態建設上：①與國家一體推進＋②幫助內地統籌生態治理的全球資源。

很多人一度有誤區，現在還有誤區，簡單地認為香港對國家的意義僅限於經濟層面。此想法可謂大錯特錯：香港不僅是國家對外開放的窗口和橋樑，還是國家深化改革的載體和試驗田；不僅承擔著實踐“一國兩制”的使命，還承擔著示範“一國兩制”的任務；不僅參與和貢獻國家治理實踐，還昭示資本主義治理和全球治理經驗，在中國推動構建人類命運共同體上有著重要角色。可以預見的是，中國越是走向世界舞台中心，香港的地位和作用就會越突出。她的政治功能同經濟功能一樣顯著，甚至遠超經濟功能，對國家戰略發展和大國定位有著特殊而遠大的意義。

七

　　國家賦予香港全局性的地位，香港自身當有全局性的定位。國家有重視，香港當有覺悟，展現"強國建設"的"香港擔當"。香港管治團隊需要認真思考強國建設、民族復興新征程下的角色，提升工作的格局，提升施政的理念。也只有如此，香港才能真正兌現於國家的意義，把握住發展的機遇，實現自身的"增值"。

李家超赴京述職，
國家領導人說了什麼

2022.12.23

一

遵制度及慣例，年底或年初，香港特首都要赴京作述職報告，向國家領導人彙報香港當前形勢和特區政府工作情況。

今年，赴京述職的是香港特區第六任行政長官李家超。作為香港特區完善選舉制度後產生的特首，身處香港由亂到治走向由治及興的新階段，李家超的首次述職具標誌性意義。

就香港當前的情況作出評判，對香港今後的發展提出期望，對香港特區行政長官及特區政府的工作表現和努力方向給出評價並講出要求，當下怎麼看，未來怎麼辦，了解並領會國家領導人會見香港特首時的講話要點，就能看懂香港的管治局面、看清香港的發展階段、看透香港的未來前景。

二

12 月 23 日，國家主席習近平會見李家超。新華社通稿不足500 字，主體兩部分，讀懂且感悟的話，信息量豐富。

第一部分，關於對特首及特區政府的評價，可以總結為"四個

肯定":

——肯定了一種施政作風,即"勇於擔當、務實作為,團結社會各界";

——肯定了四項重要工作,即"堅定維護國家安全,大力恢復經濟活力,積極回應民眾關切,認真學習宣傳貫徹中共二十大精神";

——肯定了一個管治局面,即"(香港)展現出'愛國者治港新氣象'";

——肯定了一種發展情勢,即"香港在'一國兩制'正確軌道上穩步前進"。

幹勁足,業績好,局面穩,態勢明。因此,習近平表示,"中央對李家超行政長官和特別行政區政府的工作是充分肯定的"。

三

第二部分,關於對香港的管治方針和發展期望,則可以總結為"四個表態 + 三個要求 + 一個展望":

"四個表態":

——表態一,即"'一國兩制'是中國特色社會主義的偉大創舉,是香港、澳門回歸後保持長期繁榮穩定的最佳制度安排";

——表態二,即"中央將全面準確、堅定不移貫徹'一國兩制'方針";

——表態三,即"全力支持行政長官和特別行政區政府依法施政";

——表態四,即"全力支持香港充分發揮獨特優勢……"。

"三個要求":

——要求一，即"廣泛開展國際合作"；

——要求二，即"更好融入國家發展大局"；

——要求三，即"在中華民族偉大復興的歷史進程中作出新的更大貢獻"。

"一個展望"：

即"在新時代新征程上，香港將大有可為，風光無限"。

國家堅持"一國兩制"，特區繼續依法施政，香港發揮獨特優勢統籌對內對外發展，致力貢獻國家大局與民族復興，香港前景光明。這，就是習近平主席對香港的期待。

四

學習領會習近平主席聽取香港特首述職報告的講話精神，需要比較地看、發展地看、聯繫地看。

2021 年 12 月 23 日，習近平主席會見時任香港特首林鄭月娥。從新華社通稿看，今年的講話要點相較上一次，有不變，也明顯有不同。

"不變"有三。

——不變一，對特區行政長官和特區政府，一貫地鼓勵支持；

——不變二，對貫徹"一國兩制"方針，一貫堅定不移的承諾；

——不變三，對香港發展的前景未來，一貫地滿懷希望和信心。

"不同"的方面，則在於講話中具體內容的變化，所體現出來的香港在發展階段、管治情勢、施政方向和工作重心上的不同。

——去年講話重點圍繞香港新選舉制度和選舉展開，主要談的是"一國兩制"的根本性和優越性問題,而今年的講話超脫了香港的階段性特點和任務。

——去年講話著重政治體制、政治生態、政治基礎方面的論述,而今年的講話談國策、講管治、論發展,涉及方方面面。

可以說,看上次習近平主席會見特首時的講話,人們會發現香港還處在一個特殊階段、非常時期,還在解決一些緊迫的現實問題,還要就一些重大管治舉措再闡述、再聲明。而看今年講話,人們會發現香港穩了下來,走上了正確軌道,管治、施政、發展均已正常有序進行。

這種變化所呈現的,就是香港由亂到治後的新氣象、新局面、新態勢。一言以蔽之,香港大局已定。

五

12月22日,國務院總理也會見了香港特首李家超。

總理同樣表達了對李家超及特區政府的充分肯定,同時也談了一些更具體的方面。

——指明香港要"不斷鞏固和提升香港國際金融、貿易、航運中心地位,加快建設國際創新科技中心";

——指明香港要"持續發展經濟,努力改善民生,讓發展給廣大香港市民帶來福祉";

——指明"特區政府和市民普遍關心的香港與內地通關問題上,隨著疫情防控優化調整措施的有序推進落實,有關方面要抓緊溝通協調,推動香港與內地人員往來逐步恢復正常"。

很重要的一點是,在會見李家超時,國家主席習近平肯定其"積極回應民眾關切",總理也指出其"積極回應社會關切","研究解決經濟社會深層次問題"。對於香港同胞的訴求和福祉，國家領導人有關注，很重視；對香港特區行政長官和特區政府在此方面的努力，有要求，有期待。

六

從國家領導人會見李家超的講話，人們應該有這樣的結論：

香港回來了！那個曾經風波不止的香港已然漸行漸遠，現在正是她聚精會神搞建設、抓發展的時候。

習主席香港講話中的幾個重要命題

2022.07.30

一

　　香港回歸祖國二十五週年，因基本法相關條文"五十年不變"的設定，這一年的紀念日相比以往更具歷史節點意義。總結反思，繼往開來，人們希望由此看到"一國兩制"事業的確定性，可以卸下所有疑慮，通透香港的未來。

　　習近平主席視察香港，在慶祝大會上發表講話。這一講話，在一段時間內，無疑就蘊含著關於"一國兩制"香港實踐所有問題的答案。"好學深思，心知其意。"真正讀懂講話，把握其內涵，才能不為現象迷惑，不為未來迷茫，不在實踐路上迷失，才能始終保持清醒的頭腦，並在香港當前和以後的發展中，準確識別那些有所為有所不為的空間，找到可以安放自己的位置。

　　講話中，就有這麼一些重要命題，切在"一國兩制"香港實踐的關鍵處，需要用心體會。

二

　　怎麼理解"香港保持原有的資本主義制度長期不變"？

　　——習近平在講話中指出：維護國家主權、安全、發展利益是

"一國兩制"方針的最高原則，在這個前提下，香港、澳門保持原有的資本主義制度長期不變，享有高度自治權。

不少人認為，所謂"保持原有的資本主義制度長期不變"，就是保持香港 1997 年 7 月 1 日之前的資本主義制度不變，就是一切都不能變。而社會現實局面和既得利益格局，正是香港原有資本主義制度運行下的邏輯必然和自然體現，具制度公義，不能大動，最好別動。這當然不是對"香港保持原有的資本主義制度長期不變"的正確認識。

建設積極有為的政府而非傳統資本主義社會的小政府，遵從發展本身的邏輯而非資本運行的邏輯，服務最普通市民而非既得利益群體，香港要保持原有的資本主義制度不變，也要審視其落後，旺盛其機能，促進其發展，實現其迭代。"香港保持原有的資本主義制度長期不變"，實則有幾重含義：

1. 資本主義制度的框架和基礎不會變，香港作為資本主義社會的定位不會變；

2. 原有的資本主義制度不變，不代表固有的一切都無需變、都不能變；

3. 保持香港的資本主義制度不變，與啟動香港的经济社會改革不存在衝突；

4. 改革發展是為了更好地保持不變，並真正服務於香港資本主義制度的長期不變。

講話提出，"中央全力支持香港積極穩妥推進改革，破除利益固化藩籬"，就是認清並理順制度不變與社會改革的關係，提示香港：1. 要優化資本主義社會的權力結構，而非任其僵化固化；2. 要平衡資本主義社會的利益格局，而非任其分化異化；3. 保持制度不變，是為了實現香港全社會的持續發展，以主動求變護航根本性的不變。

三

怎麼理解"行政主導體制下立法機關的定位和職能"？

——習近平在講話中指出：特別行政區堅持實行行政主導體制，行政、立法、司法機關依照基本法和相關法律履行職責，行政機關和立法機關既互相制衡又互相配合，司法機關依法獨立行使審判權。

行政主導體制，是香港具"一國兩制"特色的憲制秩序的重要設定。全面落實"愛國者治港"原則後，立法會議員均為"愛國者"的大背景下，香港立法機關又該如何把握自身定位，既能服務行政主導又能發揮結構性的不可替代的作用，不至於淪為所謂的"橡皮圖章"呢？

講話指出，"行政機關和立法機關既互相制衡又互相配合"，已然明確：1. 制衡與配合關係，是立法機關對行政機關而言，也是行政機關對立法機關而言，行政雖然主導但同樣要配合立法機關，不能忽視、輕視立法機關。2. 立法機關要配合行政機關，這是義務；立法機關要制衡行政機關，這也是權力和權利；在監察政府運作上，即便是反對，也不存在政治不正確的問題；甚至可以說，一味贊成而沒有反對，就沒有履行制衡的職責、發揮制衡的功能。

全面落實"愛國者治港"，不是要搞"清一色"；理順行政立法關係，不是為了讓立法會成為擺設。香港的立法機關應該保持一定的獨立性、超脫性，是其是非其非，有所為有所不為，助力行政主導具質量、出效能、有實績，而不是把自己變成行政的附屬，失去了批評和制衡的意義。

四

怎麼理解"政權必須掌握在愛國者手中"？

——習近平在講話中指出：政權必須掌握在愛國者手中，這是世界通行的政治法則。把香港特別行政區管治權牢牢掌握在愛國者手中，這是保證香港長治久安的必然要求，任何時候都不能動搖。

完善選舉制度後，"愛國者治港"成為香港政權建設的剛性要求，成為社會共識。反中亂港分子被踢出管治團隊之外且不可能再進入，已是現在的事實、將來的必然。

講話指出，"政權必須掌握在愛國者手中"，即明確了：

1. 只有愛國者才能掌握政權；

2. 不是愛國者不能掌握政權；

3. 政權是具體的，愛國者也是具體的。

因此可以說："愛國者治港"就是"愛國者治港"，愛國是對"治港者"而非"治港者主體"的基本政治要求，每一位治港者都必須是愛國者。

五

怎麼理解"行政長官和特別行政區政府是香港的當家人"？

——習近平在講話中指出：行政長官和特別行政區政府是香港的當家人，也是治理香港的第一責任人。

研究香港問題的人都知道，在國家每年的政府工作報告中，在國家領導人會見特區行政長官述職時，都會提及"堅定支持香港特別行政區行政長官和特區政府依法施政……"此表述由來已久，重在表明兩個意思：

1. 突出香港的行政主導體制，反覆強調其權威性；

2. 突出特區的責任，強調特區管治重在特區政府。

所以這麼說，就是表明：中央政府對特別行政區擁有全面管治權，特別區依法享有高度自治權，強調落實中央全面管治權，不能替代、不會弱化香港特區自身的責任。講話指出，"行政長官和特別行政區政府是香港的當家人"，即是明確：1. 中央全力支持香港，但主要靠香港自身努力；2. 行政長官和特區政府的責任必須壓實並盯緊。

而講話同時指出行政長官和特區政府是"治理香港的第一責任人"，更是把握"港人治港"這一"一國兩制"方針的基本內涵，明確了：1. 香港自治範圍的問題，主要靠香港自己解決；2. 中央支持香港，但香港不能什麼都依賴中央；3. 治理不好香港，就是行政長官和特區政府的問題。

理解這一點，把握這一點，貫徹這一點，非常重要。國家事，中央定；香港事，自己辦；中央關愛香港，香港不能躺平。香港如今要做的，不是慣性等中央出招、向國家索取，而是要自己想轍，要自身努力，要自我施壓。香港社會也需要建立這樣的認識，通過支持行政長官和特區政府實現發展，通過督促行政長官和特區政府保證發展，而不是本末顛倒，老想著讓中央來解決香港的具體問題。香港特區行政長官和特區政府，當然更應有這樣的認識和自覺。

六

習主席七一香港重要講話，需要細品、精讀、深研。這一講話，關係到香港未來發展的方位、方向、方法，關係到香港社會整體、群體、個體的具體利益，特區管治團隊需要學思踐悟，社會各界及普通市民也有理解掌握的必要。誰把握了現實，看清了大勢，誰就能把握先機、先人一步，在香港不斷嬗變的過程中識別機遇，調整定位，成就事業。

這句話，將形塑一個 "新香港"

一

　　慶祝香港回歸祖國二十五週年大會上，國家主席習近平發表講話。講話中的一句話——"希望全體香港同胞大力弘揚以愛國愛港為核心、同"一國兩制"方針相適應的主流價值觀……"，關係重大，應當引起人們足夠的重視。

　　香港有什麼樣的主流價值觀，就有什麼樣的狀態和生態，就有什麼樣的氣質和氣勢。香港的這一精神內核，決定了香港與國家的關係，也決定了香港走向自洽穩定，還是再度陷入波詭雲譎，繼續流浪漂浮。

　　一個健康、正向、積極的主流價值觀形成了，香港才能徹底擺脫"借來的時間，借來的地方"被殖民統治的陰影，找到自己的家園歸宿；才不會一直徘徊在在"人心回歸"的路上，真正成為中國南海一個可信、穩定的存在；才能守住底線、找到主軸，始終運行在正確軌道上。

二

　　從意識形態到話語體系，從話語體系到主流價值觀，三階遞進、迭進，文化內化、昇華，囊括了並牽動著一個群體、一個地方的全部。香港所面臨的，首要的便是意識形態問題。

人類學家克利弗德·紀爾茲指出，當一個社會產生了社會與政治危機，加上因迷失方向而產生了文化危機的時候，那是最需要意識形態的時候。2021年香港發生的伍家朗球衣風波，表面上是人的義憤填膺造成的，本質卻是社會一度被反中亂港勢力和活動騎劫的結果，即：人們的思想在被暴力洗腦、衝擊中，被禁錮在了一個極具張力的場域中，社會處於情緒易燃的不穩定狀態。

經歷了"修例風波"劇烈衝擊的香港，在香港國安法後恢復了平靜秩序，但深層次的社會心理文化還需重新建構，這就如克利弗德·紀爾茲所言，香港需要一種新的意識形態，來塑造她的底層運行邏輯。

三

"文化內輯，武功外悠。"政治上的撥亂反正，體現於良政善治，最終還是要落腳並沉澱在社會和諧穩定上，這便是文化的範疇。

可以說，潛存的由心理集成的意識形態，表像的思想外化的話語體系，成為社會倫理約束的主流價值觀，就是香港文化建設的三支柱、三部曲。

再轉到香港的話語體系層面。福柯認為，人類的一切知識都是通過"話語"而獲得的，任何脫離"話語"的東西都是不存在的。

"知乎"上有人舉的例子很生動：有A、B、C三人，經過長時間接觸後，B覺得無法融入A、C的圈子，那麼很有可能就是因為B的話語體系與A、C不同。因為話語不同，且一直不能融入，

B 就會產生出與之抗衡的想法，心理開始抵觸，甚至用暴力讓他們閉嘴。

如果說意識形態是理解溝通的基礎，話語體系正是為溝通搭建的 "時空"。人都不在一個時空裏，何談文化認同、思想共鳴、同心同行？

在意識形態、話語體系和主流價值觀三者中，香港的話語體系問題是一個顯而易見的問題，亂象叢生、積弊甚多，甚至需要回歸常識層面，再審視，再重建。

四

當在央視視頻裏喊出 "香港加油" 時，張學友不會想到這句話給自己惹來的麻煩。香港特區政府前新聞統籌專員馮煒光曾经刊發文章——〈不宜把中性用語拱手相讓〉。文章指出，"香港加油" 及 "衣著顏色" 等，都是中性用詞。如果我們認為這些用詞具政治含義，就相當於把它們拱手相讓給了 "黃絲" "黑暴"。

馮煒光所說的，便是不折不扣的話語體系問題，是包括定義權、解釋權在內的話語權問題。認為 "香港加油" 有惡意和 "港獨" 色彩，便是認同它們已經由反中亂港勢力定義。而那些反對 "香港加油" 的人，恰恰接受了反中亂港勢力的話語邏輯，掉入了其話語陷阱。

語言，是思想的載體，關乎理念，關乎價值取向，本身就附加著太多民族文化、意識形態的內容。英國詩人莫里斯曾經一針見血指出：語言的非交流作用跟它的交流作用一樣重要。比起任何其他社會風俗來，語言在群體與群體之間設置了更大的障礙。比起任何其他事物來，它更能將個人同化於某一確定的超級部落，更能阻止個人逃向另一群體。

88.9% 的人講廣東話，1.9% 的人講普通話，4.3% 的人講英語——香港與內地間，存在客觀上的語言問題。因為語言不通，香港與內地的交流總是不暢，特區在貫徹中央決策部署上總是不得其要旨，香港社會總是理解不了內地的話語體系，香港難以實現與國家內地真正的同頻共振，而國家議題總是不能深入香港。可以說，正是因為語言問題，兩地間存在巨大的障礙，讓文化衝突變得普遍且頻繁，人心回歸難以有效突破。

要重建香港的話語體系，必須啟動語言改革，尊重普通話地位，崇尚說普通話，特區政府帶頭實踐，學校普遍應用，才能徹底打掉異化了的社會文化思潮，拿回語彙語義的定義權和解釋權，全面拉近香港與國家的心理距離。

五

研究了意識形態的問題，解決了話語體系的問題，塑造並大力弘揚"主流價值觀"就有了基礎，有了舞台，有了實踐，有了呈現，有了可能。這是香港步入新階段文化的進步與配套問題，茲事體大。

陳顧遠在上世紀六十年代所著《中國文化與中國法系》中說：文化不是一種"存在"，其本身乃是一種"演變"；倘若不能演變而衰微而靜止，便成死的文化，也就失去文化對人生之價值。如果文化不能演變，失去的又豈止對人生價值的引導，失去的還會是香港真正的多元一體、自由包容，是香港這個城市最獨特的地方。

"皇后大道西又皇后大道東，皇后大道東轉皇后大道中"，羅大佑 1991 年這首具政治隱喻的歌曲，不管其悲觀還是樂觀，卻道出了香港的真實憂思。正確的意識形態，健康的話語體系，以 "愛國愛港" 為核心、與 "一國兩制" 方針相適應的主流價值觀，一旦形成了，就是徹底擺脫這些憂思的時候。

那時候，香港才真正擺脫 "孤島" 的心理羈絆，變得自信起來，真正笑傲於中國的南方、世界的東方。

"七一"香江行：習主席的"大手筆"

2022.07.03

一

臨近七一，香港被一種預期籠罩。

特殊的年份——香港回歸祖國二十五週年，黨的重大會議即將召開；特殊的日子——香港回歸日、建黨日。

國是，港事，中國的、世界的大局。

當諸多重大事件交匯某一時點，政治氛圍開始厚重，社會氛圍逐漸興奮，人們自然被升溫的形勢帶動，更自覺更用心地審視過去、體察現實、思考未來，變得"耳聰目明"起來。

2022 年 7 月 1 日，香港回歸祖國二十五週年紀念日。

"習主席會來嗎？"

香港市民在問，全國人民在問，國際社會在問。

各方清楚：領導人來與不來，都有一種深意、一種啟示，都徵兆著一種判斷、一種意志、一種對時與勢的把控和駕馭。

而香港只會有無限的期待，期待在經歷二十五年來的風雨、十年來的坎坷、三年來的大破大立後，徹底告別迷茫，真正認知現實，用穩定性的預期邁出確定性的步伐。

這一天，是香港的大日子。

二

6月25日上午9時許，新華社播發快訊：

習近平將出席慶祝香港回歸祖國二十五週年大會暨香港特別行政區第六屆政府就職典禮。

快訊快速快遞香港。不到一分鐘，香港媒體已經完成了幾年來最主動的新聞推送。

習主席要"來"香港了！

一連串想像迸發：

——怎麼"來"？

香港疫情又有波動，日增確診病例2000餘宗，會否與2021年1月聽取林鄭月娥述職報告一樣，主席將以"視頻連線"方式出席？

——"來"幹嗎？

香港由亂到治，國安法落地生根，"愛國者治港"有力落實。領導人此時若親臨香港出席"七一"慶典活動，會出現在什麼地方，將會見何人？

——要"說"啥？

香港正在經歷深度嬗變，但凡正視的人，均會認為她翻過了歷史一頁，揭開了時代一篇。

對香港發展的方位、方向、方法，領導人必然要作出深刻而系統的闡述。他將要說的，便是香港的未來！

7月1日，沒來的時候來得太慢……

7月1日，來了的時候走得太急……

三

"來了！"

6 月 30 日下午 15 時許，"央視新聞"播報：

習近平 6 月 30 日下午乘專列即將抵達香港⋯⋯

靴子落地，預期成真。

曾陷入"一地兩檢"爭議的高鐵西九龍站，從來沒有像今天這般莊重、這樣熱鬧。

車門打開，主席和夫人一起走了出來。人們瞬間覺悟：時間不會停滯，香港、中國已然定格。

隨後，主席發表講話：

——我一直關注著香港，掛念著香港，我的心和中央政府的心始終同香港同胞在一起。

——歷經風雨後，香港浴火重生，展現出蓬勃的生機。事實證明，"一國兩制"具有強大生命力，是確保香港長期繁榮穩定、維護香港同胞福祉的好制度。

——只要毫不動搖堅持"一國兩制"，香港的未來一定會更加美好，香港一定能為中華民族偉大復興作出新的更大貢獻。

"行而不輟，未來可期"，領導人展望。

2015 年 10 月 20 日，習近平在英國議會發表講話，引用莎士比亞的名言："凡是過去，皆為序章（What's past is prologue）"。

從"凡是過去，皆為序章"這句出自戲劇《暴風雨》的名言開始，到香港回歸祖國第二十五個年頭的"行而不輟，未來可期"寄語，概括了特區的一切，昭示了香港的一切：

俱往矣！新征程！

四

從 6 月 30 日下午 3 時許抵港，到 7 月 1 日下午 3 時許離港，無限的期待、有限的時間，註定了領導人行程緊湊、活動繁忙。

會見隨即展開——

見林鄭月娥，肯定其"做了大量艱苦工作，作出重要貢獻，展現了勇於擔當的精神"；

見梁振英，肯定其"為國家現代化建設和香港繁榮穩定傾心盡力，這是非常難能可貴的"；

見賀一誠，表示"中央充分肯定你和特別行政區政府的工作"。

見香港紀律部隊代表。

會見個體、會見群體，鼓勵過往、勉勵將往，意在側重、意在普遍，單是主席會見活動於香港、於國家、於世界的啟示，就足以看過國家領袖的所思所想、所盼所願。

——管治者必須有必要的負重前行。

——愛國者必須有積極的建設行動。

——"一國兩制"必須照拂民生福祉。

——紀律部隊必須具堅定鬥爭精神。

以身示範，以言告誡，最高領導人會見活動所點明的，就是"一國兩制"方針下特區管治團隊的"應有標準"。

考察香港科技園，主席夫人到香港西九龍文化區戲曲中心了解情況，經濟建設與文化昌盛，物質文明與精神文明，發展緊起來與生活悅起來，國家領導人的每一句話、每一個行動，都不會只有止於表像的意義。

認識並消化這意義，便是香港"七一"後應做的功課，香港便可以把握住正確的方位、方向、方法，知止知進，有所為有所不為。

五

宣誓、監誓，國徽高懸。

慶祝香港回歸祖國二十五週年大會暨香港特別行政區第六屆政府就職典禮開始。

全港聚焦，全國矚目，全球關注。

梁海明教授的大數據分析模型發現：香港、內地及國際，對這次習近平出席香港慶典活動的關注度，比 2017 年同期大幅增加56.61%。

"今天，我們在這裏隆重集會，慶祝香港回歸祖國二十五週年，舉行香港特區第六屆政府就職典禮。"

主席開始講話。

表示祝賀、回溯歷史，實踐總結、經驗提煉，提出希望、明確特別關愛，"願將黃鶴翅，一借飛雲空"，國家領導人講話通篇所呈現的主題，就是：

安心與希望！

——可以安心

香港塑造了輝煌，為國家作出了貢獻，過去可以，今後也可以；香港歷經了風雨，守住了固有的優勢，昨日能成功，明日也能成功；香港擁抱了祖國，憲制秩序由此穩固，曾經動亂紛常，將來不復再見。

——堅定決心

只有堅固"一國"原則，才能彰顯"兩制"優勢；落實中央全面管治權，才能保證高度自治權；"愛國者治港"做好了，才有香港發展市民福祉；香港獨特的地位與優勢，中央和居民共同守護。

—— 葆有希望

當好家、選好人、幹好事，就有良政善治；抓戰略、搞合作、行改革，就有動能活力；知民心、應民意、惠民生，就有全民一心；聚共識、展精神、盡所能，就有和諧穩定。

慶祝大會結束後，香港各新聞媒體、各社交平台、各種聊天群組開始轉發解讀講話。

討論中，關於香港最重要的三個方面清晰起來。這三個方面，正是回應香港社會一直以來的最大關注，香港居民長期以來的最大憂思，以及國際社會對香港持續的執拗的審視和判斷：

——"一國兩制"在香港不會改變。

沒有所謂五十年不變的"上半場"和"下半場"，2047 年絕不是"一國兩制"在香港的終點，2022 年到 2047 年也不會容許"一國兩制"變化動搖、變形走樣。

"一國兩制"是好制度，沒有任何理由改變，必須長期堅持。

—— 香港獨特地位和優勢不會變。

保持香港實行普通法的法律制度，保持香港的高度自由開放和順暢便捷的國際聯繫，中央政府的心同香港同胞的心完全連通。

中國不需要一個"內地化"的香港，香港不會成為"內地化"的城市。

—— 香港的發展活力與動能將更充沛。

為打造有為政府，中央支持香港破除利益固化藩籬，人們通過辛勤工作可以打破社會階層板結，繼續包容共濟、求同存異，吸納一切建設香港的積極力量。

施政上的進取、經濟上的開放、民生上的改善、社會上的包容，香港是個活躍的有機體。

學者及媒體都注意到，領導人的講話更直白也更具體，正是香港社會想聽到的內容，切中了"一國兩制"和香港發展的命脈。

疑慮在解除，預期又燃起，香港向何處去，有了路線和目標，只待新的實踐證明。

六

會見李家超、視察駐港部隊後，習主席乘專列離開了香港。

西九龍高鐵站歡送儀式上，他向揮舞著國旗、區旗的學生揮手致意，在迴蕩著的《我和我的祖國》歌聲中，主席表情感動，眼睛濕潤，國家領袖此時也有無限感慨。

"東方之珠，我的愛人，你的風采是否浪漫依然？"

——2020 年 1 月新冠疫情暴發以來首次出境。

——香港每日新增確診病例 2000 餘宗時親臨香港。

——黨的重大會議召開前一次重要的視察安排。

——乘高鐵專列而來，乘高鐵專列而去。

從 2007 年出任中央港澳工作協調小組組長至今，他關注著香港，領導著香港，多少艱難辛苦和堅毅奮鬥，讓香港浴火重生，回到了正確軌道上，站在了歷史新起點。一百八十餘年的歲月滄桑，四十餘年的回歸課題，二十五年的風風雨雨，終於都已放下，終於都又啟程。

國家不容易，香港不容易，領導人的多少不容易，中國和中華民族的苦難輝煌，都在 2022 年 7 月 1 日下午 15 時許，在西九龍高鐵站上，自然流露出來，深情傳遞出去。

"自信人生二百年，會當水擊三千里。"

中央政府所做的一切，都是為了國家好，為了香港、澳門好，為了港澳同胞好。

“願將黃鶴翅，一借飛雲空。”

今年 7 月 1 日的香港，紅旗在大街小巷飄揚，反中亂港活動絕跡，世界 600 餘家主流媒體將目光投向這裏，這是香港的高光時刻，也是屬於中國的高光時刻。

由亂到治走向由治及興，國家積弱走向民族復興，香港就是中國的縮影。

時代變了，一切都切換至必然的軌道上，或決然奮進，或欣然趨附，或默然接受，都找到了自己的位置，匯入了這時代的洪流中。

盡在掌握，一切可控。

香港不會再回頭！

中國不會再回頭！

習主席說，這是一套好制度

2021.12.23

一

新一屆立法會選舉順利舉行。135 萬市民走進票站，投出手中一票，以前所未有的從容行使民主權利，眼中有光，腳下有力，心中有盼。一批新的管治者就要走上歷史舞台，弄潮於又一個屬於香港的大時代。

近二十五年來，"一國兩制"實踐落地生根，穿越幾多風雨，經受幾多挑戰，終於迎來今天：社會發展平穩可期，民主脈搏有力跳動，香港由亂到治、由治及興。

符合香港實際的民主發展邁出堅實步伐。12 月 22 日，國家主席習近平聽取林鄭月娥述職報告時表示，廣大香港同胞當家作主的民主權利得到體現，"愛國者治港"原則得到落實，社會各階層各界別廣泛、均衡參與的政治格局得到確立。

二

往事並不如煙，市民仍然記得 2019 年區議會選舉時的"黑暗"。當年的 11 月 11 日，反中亂港分子發起所謂"三罷"，從凌晨起，"黑暴"分子在多條主要交通幹道設置路障，派人封堵港鐵車門；12 所大專院校全部停課，全城癱瘓，香港停擺；馬鞍山一老伯被焚燒，彌敦道一青年被襲擊毆打至頭破血流。

這是那時香港的一天，這是那時香港的許多天！之後，選舉結果出爐，區議會"淪陷"。暴力脅迫之下、"黑色恐怖"之中，人們對此毫不意外。反中亂港分子登堂入室，惡果已成必然：議事堂被把持，議事機制遭破壞，群魔亂舞，烏煙瘴氣，國家與特區尊嚴被踐踏，民意被棄如敝屣，經濟發展受阻，民生改善無望。

香港泥足深陷。

為什麼要完善香港特區選舉制度？答案，就在這變形的選舉、異化的民主、用所謂自由釀就的亂象與亂局中，就在人們對 2014 年非法"佔中"、2016 年旺角暴亂和立法會候任議員宣誓辱華風波、2019 年"修例風波"的深刻反思和真正覺醒中。

三

不是"愛國者治港"行嗎？想要議會騷亂、暴力肆虐、社會撕裂、"裝修"和"私了"成風？不要"愛國者治港"行嗎？想要蒙面暴徒招搖過市、反中亂港勢力內外勾結壓制我城，繁榮穩定成為舊日夢影？

沒有選擇，就有了必然的選擇；不容耽擱，才出台必要的舉措。完善香港特區選舉制度，就是要正本清源、撥亂反正，讓"愛國者治港"，讓"反中亂港者出局"，就是要整肅香港的政治格局和選舉文化，把基本的政治倫理和政治規矩樹立起來，把憲制秩序、法治公義、社會正義推到管治香港的"絕對 C 位"。

只有堅守"反中亂港者出局"這一底線，堅持"愛國者治港"原則這一根本，香港才會安下來、好起來，今天才有了由亂到治的局面、由治及兴發展的局勢。

中央有決心，香港有希望。選舉有文明，民主有方向。9 月 19 日，完善選舉制度後的首場選委會選舉順利舉行；12 月 19 日，完善選舉制度後的首場立法會選舉順利舉行。新的民主實踐，新的民主氣象，催生民主新的希望。

——人們看到了真誠。參選人換了姿態，以建設性的心態參選，為了建設香港而來，反中亂港分子徹底出局。

——人們展現了從容。投票的放心投票，參選的放心參選，大大方方地行使選舉權和被選舉權，暴力侵襲已成過去。

——人們產生了希望。社會恢復理性，淡化政治議題，聚焦發展議題，管治預期穩定，對新的管治團隊矚目且期待。

各歸其位，各司其職，各盡其責。參選人不搞零和博弈和政治打壓；選民拒絕社會撕裂和二元對抗；各方都有期待和信心，選舉有序亦有品質，這樣的民主實踐不正是理想的民主的模樣嗎？

習近平主席說，新選舉制度符合"一國兩制"原則，符合香港實際，為確保"一國兩制"行穩致遠、確保香港長期繁榮穩定提供了制度支撐，是一套好制度。

蛻變、迭代、新生，香港民主發展在路上。

四

"民主不是裝飾品，不是用來做擺設的，而是要用來解決人民需要解決的問題的。"

香港的民主之路，必須自己走。

12 月 20 日，國務院新聞辦公室發表《"一國兩制"下香港的民主發展》白皮書。翻開它，人們能看到香港民主從無到有的轉變，能品味香港民主不懈探索的艱辛，能砥礪香港民主堅定前行的意志，能預見香港民主光明前景的降臨。

——白皮書是一部歷史。觀照現實、遠觀未來，足以讓世人明白香港的民主從哪裏來、向何處去，香港的民主發展為何是應然、為何是必然，香港的民主進程為什麼曲折前進又不可阻擋。

——白皮書是一本賬冊。明辨是非，澄清謬誤，足以讓世人明白誰在致力香港民主的發展，誰在阻擾香港民主的發展，誰以實踐之力謀發展之果，誰以民主之名行破壞之實。

——白皮書是一個宣言。立場鮮明，意志堅定，足以讓世人明白堅決維護香港民主發展是國家不變的使命，努力推動香港民主發展是國家不變的追求，構建符合實際的特色民主制度是香港不變的方向。

人民要當家作主。從誕生之日起，中國共產黨就把謀求和實現人民民主刻入基因。在香港，初心粲然，使命依然。新選制下舉行的首次立法會選舉，就是香港民主發展進程中的又一座里程碑。從此，香港民主向上、向新、向好，所要書寫的只會是市民當家作主的新歷史！

新選制下的選委會選舉和立法會選舉，沒有輸家只有共贏，沒有失敗只有成功，只有香港的勝利、750 萬香港市民的勝利！

五.

優質民主、實質民主，香港所要發展的民主，是要解決問題、聚焦發展的民主，是人民至上、情懷深厚的民主。踏上這條路，從民主迷思和發展迷霧中脫身，便能看到那應接不暇的風景，有獲得，受感召，懷溫暖心情，向遠方生長。

——更大的參政議政空間。新選制下，多元包容的政治文化繼續保持，"五光十色"的"愛國者治港"局面絢麗呈現，更多愛國者加入特區管治架構，沒有"清一色"和"一言堂"，只有"百家爭鳴"和"百花齊放"，參政議政論政皆具理性精神與建設力量。

——可望的民主發展進程。新選制下，特區管治效能大幅提升，社會發展環境整體優化，香港民主發展的條件和基礎愈加豐厚、方向和目標更為清晰。

——美好的未來生活圖景。新選制下，以人民為中心的發展觀落地落實，有效破解住房、就業、醫療、貧富懸殊等突出問題，改革創新邁出最大步伐，市民福祉得到最大保障。

少年快樂成長，青年施展才能，壯年事業有成，長者安度晚年。

從新選制落地、選委會選舉和立法會選舉開始，希望萌動，理想破繭，人們多年來的夙願正化為現實。

奮鬥者，歲月不負。以"一國兩制"方針的不會變、不動搖，以"一國兩制"實踐的不變形、不走樣，以一場又一場有序、良性、優質的選舉，以民主之進、發展之力，帶來香港的長治久安和長期繁榮穩定，帶來"一國兩制"香港實踐的行穩致遠。

六

"你所站立的地方，正是你的中國；你怎麼樣，中國便怎麼樣；你若光明，中國便不黑暗。"

香港民主的進步，靠不斷追求進步的香港市民推動；香港民主的明天，由決意奔赴明天的香港市民塑造。

——為了香港民主的發展，管治團隊可以做更多。真誠貼近基層聽取意見，踏實撲下身子開展工作，解決市民的"煩心事"，重燃市民的"香港夢"，讓民主之花結出民生碩果，用利民之舉保證民主品質。

——為了香港民主的發展，政治團體可以做更多。精耕細作所在團體的社會政治基礎，開放包容面對其他團體的生存發展需要，彼此之間多砥礪少暴戾，與政府多對話少對抗，對市民多引導少誤導，健康發展團體，理性建設香港。

——為了香港民主的發展，普通市民可以做更多。走出政治迷思和民主誤區，與新選制交互，適應時代變化，趕踏時代潮流，以主動支持呵護香港民主發展，以積極參與助力香港民主發展，以熱情和溫情點亮香港民主之光，把握每一個踐行民主的機會，培厚每一處滋養民主的土壤。

從立法會選舉結束開始，告別過去，放下包袱，解放並更新思想，擺脫並走出路徑依賴，認清並鄙棄外部干擾，一起走向理性務實，走向和合從容，走向自己、香港、國家的新明天。

七

習近平主席強調，實行"一國兩制"，有利於維護國家根本利益，有利於維護香港根本利益，有利於維護廣大香港同胞根本利益，中央將繼續堅定不移貫徹"一國兩制"方針。

隨著實踐不斷深入和制度體系不斷完善，"一國兩制"的優越性將進一步彰顯。

一個指示，"活"了香港

2022.02.21

一

總書記的指示，讓香港"活"了過來。

2022 年 2 月 16 日，總書記關於全力支持香港抗疫的指示經媒體發佈後，兩辦行動，港府跟進，社會配合，各界協同，香港防疫終於踏上應有的節奏，三個改變隨即發生：

1. 市民的希望點燃，穩控疫情的不可能由此成為可能；2. 港府的意志重鑄，防控疫情的慢動作因此改變姿態；3. 中央的支援拉滿，管控疫情的大體系從此系統落地。

從無力到有力，從無望到有望，挽狂瀾於既倒，扶大廈之將傾，總書記的一個指示，牽動了一切，改變了一切。

二

香港第五波疫情，發生也快，惡化也急。在總書記指示前，香港防疫困局全面暴露：

——患病不能檢測，確診不能收治，家庭醫院皆錯亂；

——方向不清不楚，措施小打小鬧，措施安排多遲緩；

——輿論各種嘈雜，民怨各種沸騰，矛盾不安盡顯現。

或者因為缺乏戰略謀劃和策略安排，在防疫上無心無力、有心無力；或者不具統一認識和行動共識，在抗疫上無所適從、無可作為。一度，自求多福成了集體預期，求治無門成了普遍現象，香港社會所滋生蔓延的，除了病毒，只有絕望。無奈的市民已經做好了被感染的準備，失序的社會已經想像出"與病毒共存"的苦狀，就在各方的信心被擠壓消磨殆盡前夕，總書記的指示來了，香港絕處逢生。

三

常說總書記指示為重要指示。這一次，總書記指示之重，香港市民聽到了，看到了，感受到了。三個方面：

1. 指示之重，重在軍令如山。

總書記指示強調："香港特區政府要切實負起主體責任，把盡快穩控疫情作為當前壓倒一切的任務，動員一切可以動員的力量和資源，採取一切必要的措施，確保香港市民的生命安全和身體健康，確保香港社會大局穩定。中央各有關部門和地方要全力支持和幫助香港特區政府做好防疫抗疫工作。"全國政協副主席、國務院港澳辦主任夏寶龍說，非常時期要有非常之舉。從指出抗疫工作為特區"頭等大事"，到強調穩定疫情"壓倒一切"。中央意志堅決，使特區各方放下了方向路線之爭，擺脫了被動觀望心態，而中央戰略決策的果斷堅毅更因此轉化為特區防疫抗疫的信心，迅速傳遞並鼓舞香港各界。

2. 指示之重，重在三軍響應。

總書記就地方抗疫工作作出指示，除武漢外僅香港。重視如此，份量至重，無人敢懈怠。中央工作專班旋即成立，夏寶龍主任親赴深圳督戰。兩地協調機制組成，五個小組迅速開展工作；內地支援香港醫療隊開赴香港，一批緊接一批；新的水路物資供應渠道打通，香港物資短缺問題頃刻化解。

3. 指示之重，重在萬民舒顏。

中央的支持，成為香港疫情防控形勢的決定性變數。總書記批示前，社會為悲觀情緒籠罩，市民被病毒壓得喘不過氣來，對每一點微弱的希望都以為奢求。總書記批示後，社會樂觀情緒凝聚，市民又被賦予戰疫的力量，對每一項工作的加強都視為積極。

準備的躺平又站了起來，眉頭緊鎖的開始舒展，有錢出錢，有力出力，相互扶持招呼，人們再振奮、再團結，又看到了一個人間有愛、防疫有望的香港。

正是因為總書記的指示，香港防疫的集體心理才開始逆轉，工作體系才開始整裝，發展局面才得以從瀕臨失控狀態步入逐漸穩控階段，市民才有了指望，有了盼望和希望。人們感受到的，更有總書記和中央對香港的深切關愛，"一國兩制" 所具備、所彰顯的真正的優勢和力量。

四

一個指示改變一個局面，在於指示權威、及時、有力：以總書記的最高領導人身份作出指示，具絕對權威性；在香港疫情防控形勢嚴峻的關鍵時刻作出指示，具超凡決斷力；基於防疫規律和香港實情作出指示，具完全可行性。

總書記指示，明確了一個責任、一項任務，指出了兩個抓手、兩個目標，強調了中央和香港兩個層面的協同作戰。既體現了 "一國兩制" 下依憲依基本辦事的基礎邏輯，也體現了防疫工作上 "人民至上、生命至上"的發展理念,更蘊含著疫情必能遏制、抗疫必能成功的堅定信心。

必須果斷抗疫,需要全力抗疫,可以成功抗疫。總書記作出指示,正是因為香港盡快穩控疫情辦得到、得民心、利大局。

有心有力,可行可望。中評社大數據分析顯示,總書記指示成為香港第五波疫情社會民心轉捩點。正是在總書記作出指示後,香港特區政府扛起主體責任,"國家隊"精銳出戰,香港的疫情防控形勢被逆轉。

人大釋法：管治的意志與藝術

2022.12.31

一

因應國家安全案件能否聘用海外律師事宜，全國人大有關釋法如期而至。

2022 年 12 月 30 日，全國人民代表大會常務委員會關於《中華人民共和國香港特別行政區維護國家安全法》第十四條和第四十七條的解釋（簡稱人大釋法），獲審議通過並公告。全國人大常委會法工委負責人隨後回答記者提問說，人大釋法解疑釋惑，息紛止爭，"一錘定音"。

這是香港國安法頒佈實施後的首個法律解釋，意味著"一國兩制"下的法治實踐又邁出了一步。

二

人大釋法全文 5 段、不足 1000 字，理解起來並不複雜。

第一段，說明有關背景目的問題，即應特區之情、釋國安之法；第二段，說明有關法定職權問題，就香港國安法第十四條作出解釋；第三段，說明有關法定程序問題，就香港國安法第四十七條作出解釋；第四段，說明有關處理方法問題，為特區開展工作提供規範指引；第五段，公告（但生效之日並非發佈之日，下面再表）。

可以看出，這次全國人大常委會就"聘請不具有香港特別行政區全面執業資格的海外律師擔任危害國家安全犯罪案件的辯護人或者訴訟代理人"問題的主要觀點是：特區提請，全國人大常委會有義務、有權力履行法定職權；問題焦點，主要涉及香港國安法第十四條、第四十七條內容；司法實踐，必須遵從香港國安法已有的實質性和程序性規定。

用三句話概括，人大釋法所明確的基本意見就是：有法可依，責任當盡，問題可解。

三

這次人大釋法，實則就是為支持特區解決有關問題，在現有制度框架內明確方法論。理解它，要結合《全國人大常委會法制工作委員會負責人就〈全國人民代表大會常務委員會關於《中華人民共和國香港特別行政區維護國家安全法》第十四條和第四十七條的解釋〉答記者問》來看。

在《答記者問》中，相關負責人主要給出了以下幾個意見：人大釋法合法、權威；人大釋法必要、可行；人大釋法負責、謹慎；人大釋法正面、積極。

《答記者問》，更交代了另外三點極其重要的意見：認為相關問題屬於"香港國安法實施中遇到的新情況、新問題"，人大釋法屬"從國家層面解決特別行政區層面難以解決的法律問題"；表示"全國人大常委會本次關於香港國安法有關條款的解釋，同香港國安法具有同等效力，可以追溯至法律施行之日"；強調"不影響選擇律師的權利和獨立的司法權和終審權"，並強調"對香港居民依法正確行使選擇律師的權利，對香港特別行政區依法正確行使獨立的司法權和終審權，也將帶來正面的、積極的效果，不存在損害香港特別行政區高度自治權問題"。

四

聚焦法律本義，立足法律原文，這次人大釋法有幾個特點：在法律規定上，不是發揮而是闡釋；在操作理念上，沒有引申而是引導；在具體事務上，保持超脫而非介入。

一言以蔽之，這次人大釋法就是在維護國家安全上，壓實香港特區各方的法定責任：香港國安委的責任；特區各級法院的責任；各種機構、組織和個人的責任；行政長官的責任。

在《答記者問》中，相關負責人還明確了特區的另外一個重要責任："香港特別行政區應當盡早完成香港特別行政區基本法規定的維護國家安全立法，完善相關法律"，即"充分運用本地法律解決香港國安法實施中遇到的有關法律問題"的責任，並實際上指明了特區要做的三項重要法律工作：已有的，該運用的要充分運用；現有的，該修訂的要及時修訂；沒有的，該制定的要盡快制定。

人大釋法消息公佈後，香港不少政界人士表示，要推動特區抓緊完成基本法第二十三條立法工作。這說明香港社會已經領悟到了人大釋法的精神。

五

人大釋法聚焦特首提請，關注的是一類問題。

具體到黎智英一案上，根據人大釋法給出的"可行的方式和路徑"，已經有了妥善解決的操作規範：在認定此案件是否涉及國家安全和國家秘密上，當初特區法院是怎麼判斷的？在特區法院研判相關問題時，有無向特首提出認定申請並取得相關證明書？若此前沒有證明書，香港國安委是否應履行法定職責、給出判斷並作出決定？香港國安委作出決定後，特區法院是否應尊重並執行？黎智英案至此，所有爭議都有了答案。

六

人大釋法，是依法治港的重要體現，也是中央層面的重要管治手段，這次人大釋法卻是舉重若輕。一則，立足國家層面解決一類問題而不是一個問題；二則，堅持基於現有法律解決問題而不是擴大延伸；三則，努力用機制解決普遍長遠問題而不是頭疼醫頭；四則，著重發揮特區主體作用解決問題而不是替代。

應特區提請，對相關法律進行解釋，是全國人大常委會的職責義務；但人大釋法所傳遞的理念，是維護已有法律的嚴肅性、權威性，也有對特區健全維護國家安全制度體系、形成維護國家安全有效機制、建構維護國家安全整體覺悟的期待。

將主體責任交給主體，讓本地問題本地解決，這是管治藝術的體現。這體現的，同樣是中央的苦心。

關於香港，公報為什麼要寫這句話？

2021.11.14

一

時代就是時代，它框定著所有的思想，承載著所有的發展，限制一切又包容一切，改變一切又塑造一切。每個人、每個地方都不能脫離時代。

認清所處的時代，就認清了方位，認清了自我，就可以判斷當下所進行的，是順勢而為還是逆勢而動，是正確的還是錯誤的，是選擇了 easy 模式還是 hard 模式。

二

歷史如潮，大道如砥。

《宋書》說：“時代移改，各隨事立。”確認所處的時代，不無方法：

一看規則之變，是不是以前的方法不管用了；

二看目標之變，是不是早前的設定不適宜了；

三看風氣之變，是不是曾經的文化不流行了；

四看環境之變，是不是固有的格局不穩固了。

而更直觀的，是看論述之變。

三

　　國家正處在什麼樣的時代？

　　新發展理念，新發展階段，新發展格局，規則變了；從全面建成小康社會到全面建設社會主義現代化國家，從實現第一個百年奮鬥目標到邁向第二個百年奮鬥目標新征程，目標變了；管黨治黨寬鬆軟狀況得到根本扭轉，反腐敗鬥爭取得壓倒性勝利，從"仰視"這世界到終於可以"平視"這世界，風氣變了；當中央財經委員會召開會議研究扎實推進共同富裕問題，國家的環境已經變了。

　　國家處在什麼樣的時代，香港就處在什麼樣的時代。

　　——作為地方行政區域，中央必然要履行全面管治權，國家議題必然"南下"，且一定是全面的而不是片面的；

　　——因為經濟依存關係，國家發展戰略必然拂及香港，香港必然融入國家發展大局，且一定是擴展的而不是收縮的。

　　政治上要求同步，經濟上要求同行，歷史文化上又同質，國家的時代在變，香港的時代怎麼可能不變？！

四

　　經典港劇《大時代》有句經典台詞："一個人要成功，就一定要找自己的世界。"

　　對香港來說，自己的世界，就是自己的時代。

　　——新的"愛國者治港"局面，香港正面臨的最大的政治現實；

　　——維護國家主權、安全、發展利益，香港正進行的最生動的法治實踐；

——重建經濟社會運行體系，香港正醞釀和撬動的最深刻的改革任務。

一方面是撥亂反正、正本清源，清除一切亂局亂象；一方面是破繭重生、革故鼎新，破除一切藩籬屏障。從事到人，從制度到機制，從局域到全局，當下在香港發生的，正是一個時代對一個時代的顛覆，一個時代對一個時代的超越。

你只有去觀察它、把握它、引領它，這時代才會為你服務，所有的資源才會向你靠攏，從容才會成為你的時代姿態，你才會看見光、追逐光、成為光。否則，便是沉淪和被摒棄。

香港社會所面臨的的選擇，其實只有一個：理解並適應。

五

中共十九屆六中全會公報，涉港部分所體現的，就是這一時代定位、這種時代精神。其最鮮明的特點，就是關於這個時代的論斷。

公報涉港部分，只有 5 句話：

在堅持"一國兩制"和推進祖國統一上，黨中央採取一系列標本兼治的舉措，堅定落實"愛國者治港""愛國者治澳"，推動香港局勢實現由亂到治的重大轉折，為推進依法治港治澳、促進"一國兩制"實踐行穩致遠打下了堅實基礎。

5 句話，管治香港的 5 個方面：

——管治香港的基本方針：堅持"一國兩制"，不會變、不動搖；

——管治香港的方法路徑：標本兼治，一系列、全方位；

——管治香港的根本原則："愛國者治港"，堅定落實且全面落實；

——管治香港的歷史階段：由亂到治，重大轉折；

——管治香港的現實基礎：法治基礎堅實，實踐基礎堅實。

5 句話，亦是時代香港的 5 個方面：

——時代主線不變：堅持 "一國兩制"；

——時代主題鮮明：進行標本兼治；

——時代格局形成：落實 "愛國者治港"；

——時代進程凸顯：實現由亂到治；

——時代方向昭示：推進行穩致遠。

這 5 句話，對香港來說，背後的思想內涵和政治意志就是一句話：

"一國兩制" 香港實踐的新時代到來了。

六

中共十九屆六中全會的重要性毋庸置疑。總結黨的百年奮鬥重大成就和歷史經驗，審議通過《中共中央關於黨的百年奮鬥重大成就和歷史經驗的決議》，視野開闊，主題宏大，影響深遠。

而在公報中，"推動香港局勢實現由亂到治的重大轉折" 一句寫入其中，放在黨的百年奮鬥歷程中，不明者或以為單薄。人們會問，這件事有那麼重要嗎？

重要。

——因為此轉折，在 "一國兩制" 實踐上有里程碑意義，正是 "推動黨和國家事業取得歷史性成就、發生歷史性變革" 的一個重要方面。

——因為此轉折，在管治香港上有里程碑有意義，正是 "解決了許多長期想解決而沒有解決的難題，辦成了許多過去想辦而沒有辦成的大事"的一個重要表現。

因為此轉折，具節點意義和歷史意義，是香港由亂到治真正的分水嶺；因為此轉折，區分了香港的舊時代和新時代，改變了香港的歷史進程；因為有了此轉折，香港自此大局可控。

觀察時代，所以堅持"一國兩制"；把握時代，所以採取"標本兼治"；引領時代，所以落實"愛國者治港"；為推進依法治港治澳、促進"一國兩制"實踐行穩致遠打下堅實基礎，所以才能"走在時代前列"。

在中共中央召開的黨外人士座談會上，總書記習近平強調：認識歷史規律、增強歷史自覺、掌握歷史主動。

掌握歷史才能掌握未來，掌握未來就能創造歷史。

大勢已成，奠定了香港的時代，呼喚著時代的香港。今天，香港世情早已不同往昔。有人在大踏步追趕時代，也有人在時代中踟躇迷茫。

詩人艾青有首詩，題目便是"時代"。他說：

我站立在低矮的屋簷下

出神地望著蠻野的山崗

和高遠空闊的天空，

很久很久心裏像感受了什麼奇蹟，

我看見一個閃光的東西

它像太陽一樣鼓舞我的心，

在天邊帶著沉重的轟響，

帶著暴風雨似的狂嘯，

隆隆滾輾而來……

於香港市民，能否看見這"閃光的東西"，是否"忠實於時代、獻身於時代"，對香港的未來和自己的夢想葆有一份激情和憧憬，決定著他們時代的表情和心情。

唯有把握這歷史的主動，唯有煥發這時代的精神，唯有決意奔赴。也因為：香港再也不會回到過去，在新時代再出發的路上，她已經漸行漸遠。

"新香港"的誕生，新時代的遠航

2021.03.13

一

2021 年 3 月 11 日，十三屆全國人大四次會議高票通過《全國人民代表大會關於完善香港特別行政區選舉制度的決定》，人民大會堂內掌聲雷動，經久不息。

"一法霹靂安香江，選規釐定護遠航。"完善特區選舉制度這一"微創手術"給香港帶來的影響，既系統且深遠，既在政治上也在政治外，必將逐漸顯現其立體性的作用，與制定施行國安法一道，加速完成香港的"蝶變"。

或者可以說，自落實香港國安法與完善香港選舉制度始，"一國兩制"香港實踐的前半程結束，"一國兩制"香港事業的後半程啟航，香港現代史、香港回歸史、特區發展史上已經留下里程碑式的一筆。

這是"新香港"的誕生。

二

完善香港特區選舉制度，是以點帶面，以事謀勢，以一域而定全局。

《決定》全文九條，條條關鍵，直指香港問題主要是政治問題的核心，無一不貫穿、體現著中央對港全面履行管治權的系統思維和整體安排。

——《決定》所解決的不僅是"愛國者治港"的問題，還有行政主導體制不健全、不穩固的問題，特區政府施政過往步履維艱的局面將自此扭轉。

——《決定》所解決的不僅是選委會的問題、行政長官選舉的問題，還有立法會的問題、區議會的問題、民主進程"循序漸進"發展的問題，特區行政立法關係將自此重塑。

——《決定》所解決的不僅是選舉投票的問題、政治參與的問題，還有全對象管理的問題、全流程監管的問題，特區政治秩序、政治倫理將自此夯實。

擇內容要者，不難看出《決定》的厲害：

——選委會由原來的 4 個界別 1200 人調整為 5 個界別 1500 人，規模擴大、結構優化，將確保選委會由"愛國者"組成，確保今後選出的行政長官為"絕對的愛國者"。

——參選行政長官由原來需要有 150 個提名到需要有 188 個提名，且需要在選委會五個界別中每個界別參與提名的委員不少於 15 名，門檻更高、要求更嚴，將徹底摧毀反對派的"造王"能力和干擾力，確保反中亂港分子以及"偽裝者"和政治投機分子出局。

——立法會由原來的 70 個席位增加至 90 個席位，且增加選委會選舉界別、調整地區直選數量，構成多元、品質可控，將有效保證它今後的順暢運作，確保香港特區政令、法令暢通和治理效能。

——將原來選舉資格審查職能由民政部門擔負改為設立香港特別行政區候選人資格審查委員會擔負，層次更高、公信力更大、組織力更強，將確保特區無論是行政長官候選人，還是立法會候選人乃至區議會候選人，都符合基本的從政標準，具備基本的政治倫理，把反中亂港分子擋在政權機構門外。

另有一個重要的影響是，完善香港特區選舉制度後，建制派、政治參與各方乃至香港全社會，將從選舉亂象和紛爭中解放出來，告別撕裂、內耗，迎來和諧、有序，將更多精力投放至推動香港發展經濟、改善民生上，不再"泛政治化"。

所以說，完善香港特區選舉制度，將要重塑的不僅是香港的政治局面，還將重塑香港的社會局面，撬動並牽引香港的方方面面。

三

評價完善香港特區選舉制度，國務院港澳辦負責人用了兩句話：這是繼香港國安法出台之後中央治港又一重大舉措，在"一國兩制"實踐進程中具有重要里程碑意義。

重大舉措，意義重大，而方向始終如一。

此前，夏寶龍主任在一次講話中說：有一個老調還得唱，這就是"一國兩制"不會變！無論是制定實施香港國安法，還是完善特別行政區選舉制度，以及我們所做的其他一切事情，都是在堅持和完善"一國兩制"，都是為了堅定不移地讓"一國兩制"實踐沿著正確的方向行得更穩、走得更遠！這也是靖海侯反覆強調的一句話：變是為了服務於不變。全面落實"愛國者治港"原則下，香港的政治前景清晰明朗。

四

"一國兩制"方針不會變，"新香港"已誕生。

這一 "新香港"，是 "兩制" 不再凌駕於 "一國" 之上，是香港對憲法的擁護和遵守，是中央履行全面管治權更生動和具體，是中國共產黨在香港社會得到尊重。

這一 "新香港"，是堅持和繼續完善 "一國兩制" 制度體系，形成一套符合香港實際情況、有香港特色的新的民主選舉制度；是 "愛國者" 的全面崛起，是反中亂港分子的全面出局。

這一 "新香港"，是行政長官真正全面領導特區行政、立法、司法；是立法會的高效運行，是區議會的 "去政治化"。

這一 "新香港"，是聚焦發展經濟和改善民生，是聚精會神解決香港各種深層次問題；是香港貫徹落實 "十四五規劃"，積極融入國家發展大局，投身中華民族偉大復興。

這一 "新香港"，是非法 "佔中" 不會再發生，"旺角暴動" 不會再出現，"修例風波" 不會再重演；是國家主權、安全、發展利益不會受衝擊，是香港的長期繁榮穩定。

這一 "新香港"，是絕對不能允許任何危害國家主權安全、絕對不能允許挑戰中央權力和香港特別行政區基本法權威、絕對不能允許利用香港對內地進行滲透破壞的活動，是 "三條底線" 絕對能得到捍衛。

這一 "新香港"，是國家的新香港，是香港市民的新香港，是香港的再出發，在新時代的真正起航和遠航。

凡是過往，皆為序章。那個街頭充斥暴力的香港已經一去不復還了，那個立法會裏亂象不斷的香港已經一去不復還了，那個新聞裏社會政治法律紛爭頻發的香港已經一去不復還了。

五

2022 年，香港回歸祖國二十五週年，恰是“一國兩制”在香港實踐的中期。今天中央所做的一切，已為“一國兩制”香港事業確定分水嶺。經歷了太多風雨挑戰，歷史會記住這一切，在國家和香港的歷史中高亮顯示。

需要香港各方讀懂的
"十四五"規劃《建議》

2020.11.08

一

"十四五"規劃《建議》發佈,關於港澳工作的論述不過 301 個字,卻大有內涵與深意。

或者說,這關乎今後五年甚至更長一段時期內中央的治港思路和涉港政策,特區政府施政的方向和重心,以及香港政治經濟社會發展的主基調。

二

"十四五"規劃《建議》的具體表述,均非首次出現。初看之,或以為平常。但各項舉措整裝在"十四五"規劃《建議》中,位置的安排、體量的設定、字眼的選擇,完整擘畫了香港今後新的工作體系。

比較"十三五"規劃,對"新"的認識將更加直觀。

1. 從"支持香港長期繁榮穩定發展"到"保持香港長期繁榮穩定",開頭一字之差,客體變主體,間接變直接,彰顯了戰略上的主動性和系統性。

2. 從"嚴格依照憲法和基本法辦事"到"堅持依法治港治澳"，凸顯了建立健全香港法治體系的現狀和趨勢，即不僅依照憲法和基本法辦事，還要依照港區國安法等法律法規辦事，依法治港的內涵和外延都拓展了。

3. 從"發揮港澳獨特優勢，提升港澳在國家經濟發展和對外開放中的地位和功能"到"支持特別行政區鞏固提升競爭優勢"，顯現了兩地經濟發展階段和經濟合作位置的變化，即：原來更多的是香港幫助內地，以後更多的是內地支持香港；原來是怎麼利用香港優勢的問題，以後是怎麼鞏固香港優勢的問題。

4. 從"支持香港鞏固和提升國際金融、航運、貿易三大中心地位，強化全球離岸人民幣業務樞紐地位和國際資產管理中心功能，推動融資、商貿、物流、專業服務等向高端高增值方向發展。支持香港發展創新及科技事業，培育新興產業。支援香港建設亞太區國際法律及解決爭議服務中心"到"支援特別行政區 …… 建設國際創新科技中心，打造"一帶一路"功能平台，實現經濟多元可持續發展"，體現了香港傳統中心地位正在發生的變化，需要確認的方位以及需要調整的方向。

5. 從"深化內地與港澳合作"到"支持香港、澳門更好融入國家發展大局，高品質建設粵港澳大灣區，完善便利港澳居民在內地發展政策措施"，傳遞了提高兩地發展統籌層次的政治與政策信號，將更多地從國家層面考慮香港發展問題，更多地從國家層面解決香港問題。

6. "增強港澳同胞國家意識和愛國精神""支持香港、澳門同各國各地區開展交流合作""堅決防範和遏制外部勢力干預港澳事務"的從無到有，既體現了"十四五"規劃相比以前的五年規劃的不同特點（對經濟社會發展規劃的超越），也體現了對香港工作新的佈局與謀劃，即香港工作是經濟的，也是政治的，是系統工程，也是基礎建設。

時移世易，基於五年來香港形勢發生的深刻變化，"一國兩制"實踐的新特徵、新要求，"十四五"規劃《建議》的相關內容出現了大的變化和深刻調整。

一言以蔽之，"十四五"規劃《建議》就是要確立香港工作的新思路，實現對香港發展的再定位，推動香港社會的再出發。

三

進一步概括這些內容，對"十四五"規劃《建議》相關內容的認識將更為清晰。

——把加強政治建設擺在香港工作的首位。所以用近一半篇幅闡述維護香港政治秩序的內容，把中央權力、國家利益、憲制要求挺在前面。

——把推動經濟發展放入國家發展的大局。所以用一國統領兩地，以支持深化合作，靠融入推進交流。

——把夯實社會基礎提到戰略規劃的層面。所以強調"增強港澳同胞國家意識和愛國精神"，致力於推動香港的"二次回歸"。

注意到這些，才能注意到一些具體字眼的改變，發現其中微妙之處：

1. "維護"是關鍵字，政治上要有序，不要失序；
2. "落實"是關鍵字，執行上要落地，不要落空；
3. "鞏固"是關鍵字，發展上要穩固，不要頑固；
4. "增強"是關鍵字，作風上要務實，不要務虛；
5. "融合"是關鍵字，趨勢上要相向，不要相離。

正如"十四五"規劃《建議》的總基調，穩中求進，統籌發展與安全，注重堵漏洞、強弱項，香港部分也是一樣，而且體現得最為充分。

四

香港各方需要讀懂這些內容，認清一些基本的政策走向。

——中央落實全面管治權，將有言有行，且陸續有來，不再只是說說而已。

——香港發展不進則退，從發揮獨特優勢到鞏固提升競爭優勢，要看到危機、認清問題，不能再夜郎自大了。

——香港的未來發展路徑，在於推進與內地的合作交流，但站位還需更高一些，從國家層面重新確認自己的定位，重新發現可以貢獻的價值，重新找尋可以拓展的空間。

——推進"人心回歸"，必須提上日程。

香港社會需從"十四五"規劃《建議》相關內容中，看到這種緊迫感，也可以從這些內容中，讀懂國家的良苦用心："凡是有利於保持香港長期繁榮穩定、有利於增進香港同胞切身福祉、有利於促進內地與香港融合發展的事情，中央都會全力支持。"

香港，起"風"了

2021.09.09

一

　　《橫琴粵澳深度合作區建設總體方案》（簡稱《橫琴方案》）和《全面深化前海深港現代服務業合作區改革開放方案》（簡稱《前海方案》）公佈。一連兩日，中央惠澳、惠港兩大舉措出台。澳門、香港，哪個都沒落下；《橫琴方案》《前海方案》，哪個都不簡單。

二

　　《前海方案》14 節、近 5000 字，通篇用一個關鍵字概括，那就是"引擎"。什麼"引擎"？《前海方案》導語部分已然明晰，這"引擎"，就是：

　　——支持香港社會經濟發展、增強香港同胞對祖國的向心力的"引擎"；

　　——支持深圳建設中國特色社會主義先行示範區的"引擎"；

　　——提升粵港澳合作水平、推進粵港澳大灣區建設的"引擎"；

　　——構建國家對外開放新格局的"引擎"。

　　香港、深圳、大灣區、全國，由點到面；支持、提升、示範、引領，層層遞進。"引擎"就是發動機，就是"風口"，就是香港發展的"風口"、大灣區建設的"風口"、國家對外開放的新"風口"。

三

《前海方案》站位高、新意足、動作大、政策實，立足的是前海，依託的是香港，著眼的是大灣區，連接的是全國，面向的是世界，政策內涵十分豐富。

以前海改革發展牽動灣區及全國改革發展，以豐富"一國兩制"實踐釋放"一國兩制"優勢效能，以支持香港經濟社會發展推動國家對外開放高品質發展，從《前海方案》裏，人們能看到"一地一區一國"的新發展階段、新發展理念、新發展格局。

《前海方案》於香港，具直接意義，屬重大利好，包納了一籃筐、一攬子的惠港政策。其中，"香港"被提及45次，"前海"被提及42次，"香港"二字出現的頻次比"前海"還多，前海發展如何依託香港，中央政府如何關愛香港，不言自明。

把支持香港經濟社會發展作為《前海方案》的明確指向，把服務香港企業與人才發展作為《前海方案》的政策重點，體制機制上與香港聯通，標準規則上與香港銜接，開路、搭橋、托舉，為香港發展"量身定制"，香港正是《前海方案》的"主角"，《前海方案》正是香港實現新發展的"劇本"。

四

《橫琴方案》亦如《前海方案》，開啟的是粵港澳發展的新篇章。

一個問題是：中央選擇此時集中推出兩項重大惠港舉措，為何？用B站（bilibili彈幕網）常用的一句話來說，就是——"大人，時代變了！"《前海方案》正是引領香港步入大時代的"變奏曲"。

——撥亂反正後，香港社會走出"政治泥沼"，從"泛政治化"中解脫，社會主要矛盾發生重大變化，發展成為第一要務。

——由亂及治後，經濟民生問題愈加凸顯，破解深層次矛盾變得更為緊迫，社會注意力在調整轉移，特區政府的工作重心也在調整轉移。

——保持社會大局穩定，實現由治及興，香港的社會政治基礎需要夯實，"人心回歸"需要推進，而推動香港與國家同頻共振，正是實現香港同胞與祖國同心同行的重要抓手。

從深陷政治鬥爭到聚焦經濟建設，從確保穩定與安全到實現發展與繁榮，從被利益藩籬束縛到打破既得利益格局，香港社會當下的主題主線已然迭代更新，促改革、謀發展已經成為社會主流訴求。國務院港澳辦說《前海方案》是"恰逢其時"，香港中聯辦說《前海方案》是"及時雨"，就是因為《前海方案》呼應了香港的時代主題，回應了香港社會的共同期望，順應了香港重新出發、繼續前進的情勢與趨勢。

《橫琴方案》《前海方案》此時實施，就是引導香港走上國家發展的高速路，重新配置社會資源，有效突破發展瓶頸，在更大舞台上尋求深層次矛盾的破解之道，向前看，向"北"望，與時代進步潮流和民族復興大勢相向而行。

五

《橫琴方案》《前海方案》此時推出，還有另外四個更高層面關乎國家戰略的意義：一是推進粵港澳大灣區建設；二是貫徹落實"十四五"規劃綱要；三是構建國家新發展格局；四是豐富"一國兩制"實踐。

粵港澳大灣區建設方面,《橫琴方案》《前海方案》就是要確保大灣區各主體有方向、有抓手、有重點、有力度地貢獻灣區建設,以創新上的先行先試創建發展上的模式範本,以局部之量變撬動全局之質變。

貫徹"十四五"規劃綱要方面,《橫琴方案》《前海方案》目標節點與"十四五"規劃綱要高度協同,政策內容遵照"十四五"規劃綱要有具體呈現,其實施就是要以大灣區建設的先行一步走出貫徹"十四五"規劃綱要的堅實一步,以局部發展的生動實踐確立全局發展的基調。

構建新發展格局方面,《橫琴方案》《前海方案》就是要讓大灣區成為帶動"國內大循環"的"發動機",貢獻"國內國際雙循環"的"牽引器",使內部循環在大灣區高效暢通、深度擴展,外部循環在大灣區有效輻射、集約展現,以橫琴、前海改革發展組成的"動車組"帶動灣區大循環、推動國內大循環、牽動國內國際雙循環。

豐富"一國兩制"實踐方面,《橫琴方案》《前海方案》就是以在橫琴、前海的改革實驗探索打破"兩制"的瓶頸,以在"一國"內的創新發展為實現國際合作的創新發展探索方法路徑;就是以橫琴、前海創新的治理模式和發展模式,讓"一國"之本更牢固、"兩制"之利得釋放,賦予"一國兩制"新的功能定位,打開"一國兩制"新的想像空間,塑造"一國兩制"新的時代內涵;用實踐證明"一國兩制"不是合作的屏障、社會主義和資本主義在發展建設上有和合共贏的可能,中國走向世界、參與全球治理有經驗、有能力、有成效。

六

《橫琴方案》《前海方案》為香港發展拉出了空間、描繪了藍圖，但一樣有底線要求。

《橫琴方案》指出，合作區屬地管理要抓好國家安全工作，要建立健全風險管理機制，嚴守國家安全底線。《前海方案》指出，要堅持系統觀念，更好統籌發展和安全；在不危害國家安全、風險可控前提下，深化與港澳服務貿易自由化；強化底線思維和風險意識，堅決兜住安全底線。

底線，即是最基本的要求。底線之下，一切無從談起；底線之上，一切皆有可能。香港只有扛起維護國家安全的責任來，才能擺脫羈絆和束縛，從內部走得出去，在外面跑得起來，拉出破解深層次矛盾和問題的空間，整合內部資源、國家資源、世界資源，為民生謀最大福祉，為社會謀長期繁榮。

七

"香港發展一直牽動我的心。"習近平總書記對香港關懷殷切。

粵港澳大灣區建設作為習近平總書記親自謀劃、親自部署、親自推動的重大國家戰略，支持香港經濟社會發展的初心可見。《橫琴方案》《前海方案》的實施，是為香港經歷社會動亂後再出發提供的一條路、一座橋、一對翅膀，是對香港融入國家發展大局的深情呼喚與擁抱。它把香港拉入國家發展的大時代，也正讓香港看見屬於自己的大時代。

"愛國者治港"是
"一國兩制"方針的核心要義

2021.02.22

一

　　2021 年 1 月 27 日，國家主席習近平聽取香港特別行政區行政長官述職報告後強調："香港由亂及治的重大轉折，再次昭示了一個深刻道理，那就是要確保'一國兩制'實踐行穩致遠，必須始終堅持'愛國者治港'。這是事關國家主權、安全、發展利益，事關香港長期繁榮穩定的根本原則。"

　　2021 年 2 月 22 日，"完善'一國兩制'制度體系，落實'愛國者治港'根本原則"專題研討會在北京舉行。全國政協副主席、國務院港澳事務辦公室主任夏寶龍出席開幕式並講話。講話通篇圍繞"愛國者治港"這一根本原則展開，很多表述與時俱進，頗具信息量。

　　夏寶龍主任的講話，是對習近平總書記相關重要論述的學習體會，是經驗認識和理論分析、實踐思考和規律總結，更預示和透露了香港工作的下一步發展方向和主要動作。

二

夏寶龍主任的講話，總體上分為三個部分：

——闡述"愛國者治港"的重大意義；

——釐清"愛國者治港"的客觀標準；

——明確"愛國者治港"的落實辦法。

"認識論＋標準論＋方法論"，在"愛國者治港"上，此講話應是目前為止相關論述中最為全面和系統的。

"認識問題＋分析問題＋解決問題"，此講話也體現了問題導向、目標導向和結果導向的統一。

三

對"愛國者治港"的重大意義，夏寶龍主任概括為"核心要義"＋"時代呼喚"，即：

"愛國者治港"是"一國兩制"方針的核心要義。

"愛國者治港"是推進"一國兩制"事業的時代呼喚。

可重點關注的一些具體字詞和表述：

——要實行"港人治港"，就必須堅持"愛國者治港"；堅持"愛國者治港"，"一國兩制"才能全面準確貫徹落實。（定位）

——凡是治港者，必須深刻認同"一國"是"兩制"的前提和基礎。（範圍）

——堅持"愛國者治港"，這不是高標準，而是在香港特別行政區實行"港人治港"的最低標準。（底線）

——"愛國者治港"的原則還沒有得到全面落實。香港特別行政區尚未真正形成穩固的"愛國者治港"局面。（問題）

——在"愛國者治港"這一大是大非問題上正本清源是當務之急,把"愛國者治港"這一根本原則落到實處是共同責任。(任務+責任)

"定位+範圍+底線",此部分進一步明確了"港人治港"的內涵:"愛國者治港"是"港人治港"的根本保證、普遍要求、最低標準。

"問題+任務+責任",此部分進一步明確了香港問題的形勢:香港問題源於"愛國者治港"沒有全面落實,解決香港問題必須全面落實"愛國者治港",全面落實"愛國者治港"需要各方履行共同責任。

四

對"愛國者治港"的客觀標準,夏寶龍主任從正反 3 方面給出定義。

正向的 3 個方面:

——愛國者必然真心維護國家主權、安全、發展利益;

——愛國者必然尊重和維護國家的根本制度和特別行政區的憲制秩序;

——愛國者必然全力維護香港的繁榮穩定。

反向的 3 個方面:

——那些利用各種手段歇斯底里地攻擊中央政府、公開宣揚"港獨"主張、在國際上"唱衰"國家和香港、乞求外國對華對港制裁施壓的人,無疑不是愛國者,那些觸犯香港國安法的人更不在愛國者之列;

——挑戰國家根本制度、拒不接受或刻意扭曲香港憲制秩序者，不在愛國者之列；

——"攬炒派"當然不在愛國者之列。

什麼是"愛國者"，什麼不是"愛國者"，此講話都給出了相應的標準。

可重點關注的一些具體字詞和表述：

——鄧小平同志的這一論述是重點針對香港回歸前的情況而說的，所界定的標準很寬泛，體現了中國共產黨的博大政治胸襟。（與時俱進的必要，訂立客觀標準的必要）

——憲法必須遵守，違反了就是違法。（明確憲法在香港的適用）

——"一國兩制"是中國特色社會主義的重要組成部分，中國共產黨是中國特色社會主義的領導者，是"一國兩制"方針的創立者，是"一國兩制"事業的領導者，一個人如果聲稱擁護"一國兩制"，卻反對"一國兩制"的創立者和領導者，那豈不是自相矛盾？（中國共產黨在香港的地位）

——效忠香港特別行政區，就理應先要效忠中華人民共和國。愛港與愛國不能割裂，更不能對立。（目前香港公職人員宣誓誓詞裏只有宣誓效忠特區部分，從這裏可以看出中央的理解和要求，以及香港社會應有的認識）

憲法在香港的地位、中國共產黨在香港的地位、效忠特區與效忠國家的關係，此部分進一步釐清了"愛國者治港"的邊界和底線，澄清了香港社會的諸多謬誤。香港社會此前習非成是的一些事，按此要求，今後就不能幹了。

五

在"愛國者治港"的客觀標準部分,夏寶龍主任還就某一方面專門作出闡述,即:

在香港特別行政區政權架構中,身處重要崗位、掌握重要權力、肩負重要管治責任的人士,必須是堅定的愛國者。

可重點關注的一些具體字詞和表述:

——在愛國標準上,對他們應該有更高的要求。(特殊要求)

——四個要求:全面準確貫徹"一國兩制"方針;堅持原則、敢於擔當;胸懷"國之大者";精誠團結。(更高標準)

——無論遇到什麼困難和挑戰,都始終堅定"一國兩制"制度自信不動搖,都始終站在國家根本利益和香港整體利益的立場上。(基本站位)

——在涉及國家主權、安全、發展利益和香港長期繁榮穩定的重大原則問題上,掌握特別行政區管治權的人必須勇敢站出來,站在最前列,把維護"一國兩制"作為最高責任。(鬥爭表現)

——愛國者要有共同的目標、共同的理想,要心往一處想、勁往一處使。(集體姿態)

關注重點群體、盯住"關鍵少數",此部分專門對"港人治港"裏的部分"港人"提出要求,用意明確,指向明確。

要有政治自覺,要有鬥爭精神,要有團結意識,此部分有很強的現實針對性和指導性,可以成為特區政權機構建立高層官員行為規範的重要指引。

至少哪些人屬於"重點群體",夏寶龍主任也在後面一部分給出了答案,即:特別行政區行政、立法、司法機構的組成人員以及重要法定機構的負責人等。

六

對"愛國者治港"落實辦法,夏寶龍主任指明了 5 項原則,即:

——必須嚴格依照憲法和基本法辦事;

——必須尊重中央的主導權;

——必須符合香港實際情況;

——必須落實行政主導體制;

——必須有健全的制度保障。

"原則 + 主體 + 背景 + 目標 + 基礎",此部分對全面落實"愛國者治港"的辦法作出了詳盡的說明。

可重點關注的一些具體字詞和表述:

——在總結香港回歸以來"一國兩制"實踐經驗教訓的基礎上,堵塞有關法律漏洞。(預示下一步將有新的立法動作)

——選舉制度是香港特別行政區政治制度和政治體制的重要組成部分,完善有關選舉制度必須在中央的主導下進行 .... 在完善有關選舉制度的過程中,中央政府必定會與特別行政區政府深入溝通, 充分聽取香港社會各界的意見。(新的立法動作由中央發起,並依法以適當形式與特區溝通)

——完善選舉制度,要多考慮如何改善行政與立法機關的關係,不斷提高特別行政區政府的施政效能,提升特別行政區的治理能力和水平。(立法動作的目標是強化行政主導)

——"愛國者治港"必須落實在制度上。(預示立法可能是"兩位一體"的動作,特區方面也要建立配套的執行機制)

"堵漏洞 + 強行政 + 建制度",此部分可以說是夏寶龍主任本篇講話的"肉",是挖掘本篇講話價值的最重要內容。

"幹什麼 + 為什麼 + 出什麼"，此部分也大概給出了工作方向和行動框架，完善香港特區選舉制度的改革呼之欲出。

七

此篇講話，奠定了香港工作下一步的基調，勾勒了香港工作下一步的路線，也描畫了香港工作下一步的前景。一字以蔽之：變。

為徹底解決不能落實"愛國者治港"的問題而變，為全面準確貫徹落實"一國兩制"方針而變，為實現香港長治久安而變，也是為保障香港民主制度健康發展而變。而實現的主要抓手和關鍵抓手，就是"完善香港特區有關選舉制度"。

夏寶龍主任在講話中說：發展香港民主制度不能背離"愛國者治港"這一根本原則。

目標要統一，手段要精準，想要的結果要最終呈現，夏寶龍主任在講話最後雖然說這些是"老調重彈"，但相比以前，"老調"明顯彈奏得更響亮、更有力。

八

值得注意的是，夏寶龍主任在講話中提了要求，也給出了"承諾"，統籌了"變"與"不變"的關係。

這裏有兩段可重點關注的表述：

——我們強調"愛國者治港"，絕不是要搞"清一色"……一部分市民由於長期生活在香港這樣的資本主義社會，對國家、對內地了解不多，甚至對國家、對內地存在各種成見和偏見。對這些人的取態，中央是理解和包容的。

　　——有一個老調還得唱，這就是"一國兩制"不會變！無論是制定實施香港國安法，還是完善特別行政區選舉制度，以及我們所做的其他一切事情，都是在堅持和完善"一國兩制"，都是為了堅定不移地讓"一國兩制"實踐沿著正確的方向行得更穩、走得更遠！

　　這也印證了靖海侯此前在文章中反覆強調的一點：

　　"變"是為了"不變"。在香港施行"一國兩制"，初心不改；確保"一國兩制"事業行穩致遠，使命如舊。

夏寶龍主任的"心裏話"

2023.04.15

一

4 月 15 日，正在香港考察的夏寶龍主任，出席香港特區"全民國家安全教育日 2023"開幕典禮。開幕典禮上，他圍繞國家安全話題，就香港社會關切的一系列重要方面發表了主旨講話。按照他本人的說法，是講了"一些心裏話"。

讀懂夏寶龍主任的這篇講話，讀懂這些"心裏話"，香港社會也就明白了應該有的共識，香港各界也就明白了應當有的定位，香港同胞也就有了應具有的信心。

二

夏寶龍主任的講話近 5000 字，總體上可歸納為兩大部分：1. 如何認識國家安全；2. 如何推進香港治興。包括四個方面：1. 香港當前要確立的"一個主題"：即國家主席習近平去年 7 月 1 日視察香港時提出的"排除一切干擾聚精會神謀發展"；2. 香港歷史要掌握的"一個主線"：即香港命運與祖國命運緊密相連，"英雄的香港人民創造了香港的歷史"；3. 香港社會要夯實的"一個共識"：即"國安"才能"港安"，"國安"才能"家安"；4. 香港各方要形成的

"一個合力"：即各盡其責、各守其職，各盡所能、各展所長。

講穩定，講發展，講團結，講法治，講的是出發點也是落腳點，是認識論也是方法論，夏寶龍主任講出了搞好香港管治最重要的幾個方面。這些方面，一言以蔽之，就是：認識要統一，信心要穩固，香港從此不折騰；目標要明確，行動要一致，大家一起向前看。

三

夏寶龍主任的講話，主要篇幅聚焦"如何治興"，重點就香港各方如何定位、如何作為、如何形成合力，作了全面而充分、直接且通透的論述。這是提供給香港各方的一份完整的清晰的"行動指引"。

據此，香港各方對號入座，各領其責，有所為有所不為，認識上就不會再有偏差，實踐中就不會再有錯位，就能夠始終走在正確的前進的道路上，各自收穫且相互成就。

特區政府要擔當，愛國愛港力量要團結，司法法律界要盡責，各方投資者要清醒，普通居民要務實，廣大青年要奮鬥。夏寶龍主任對特區 6 方面主體的"心裏話"，曉之以理，動之以情，有鼓勵，有勉勵，有砥礪，可謂苦口婆心。

四

從夏寶龍主任的講話中，還可以挖掘出很多論述上"意味深長的細節"。

這些細節，背後關聯的是香港具體的事，想要釐清的是香港尚有的困惑，意在傳達的是管治香港的堅定意志，值得細品留意。

關於"香港公務員"，夏寶龍主任說："香港 18 萬公務員是特別行政區政府的骨幹力量，應當齊心協力、擔當實幹、忠誠履職，以兌現自己的誓言，用實際行動換來香港安定繁榮，得到人民的褒獎。"這番話所體現的，既有肯定也有要求，既指出了成績也指出了差距。特區政府公務員要有心，當深思。

關於"香港的言路"，夏寶龍主任要求特區政府"廣開言路，深入基層聽取意見，解決實際困難和問題，形成政府及時回應市民訴求和市民支持政府施政的良性循環"，強調"維護國家安全與表達利益訴求是不矛盾的"，並提醒香港居民"環保、民生等利益訴求很容易被騎劫"。這裏，同樣需要細品。

關於香港的"遊行"，夏寶龍主任說："表達利益訴求的渠道和方式有很多種，是各種各樣的，遊行不是表達利益訴求的唯一方式"。香港市民表達訴求是不是一定要遊行？香港的自由度是不是一定要通過高頻次、大規模遊行來體現？對此，可以預判，對遊行作進一步有效規管，不反對也不鼓勵，有替代也有保護，將成為香港實踐表達自由的新路線。

五

分析了這麼多，應該能看清夏寶龍主任這次講話的主旨、特點和深刻用意了。

講話的一個核心概念，就是"穩中求進"，在香港貫徹落實中央提出的"統籌發展與安全"的要求，讓香港解除困惑，解放思想，實事求是，團結一致向前看，真正聚焦到國家主席習近平提出的"排除一切干擾聚精會神謀發展"的主題上來。

　　講話中，夏寶龍主任還提出了"兩個不"的概念——對"任何人任何勢力企圖搞亂香港、破壞香港"不會答應；正視"現在香港社會看似平靜，實則暗流湧動，亂的根源尚未根除，治的基礎尚需鞏固"，所以不會懈怠。這"兩個不"，指向的"兩個有"——有國家安全，有繁榮穩定——正是掃清一切障礙、排除一切干擾的意思。

　　所以說夏寶龍主任這次講話言諄意深，就是因為他宏觀又具體的闡述，現實又長遠的分析，用理又用情地解讀中央對港政策，既有問題意識、危機意識，也在努力傳遞意志、傳遞信心、傳遞希望。

　　這幾日，他在香港考察，去茶樓飲茶，到基層探訪，與特區行政、立法、司法公職人員座談，香港社會的關注度前所未有。正是這種中央港澳工作領導人到香港親身體察、與市民直接對話，拉近著中央和香港的距離。

　　也正是從這樣的講話和這樣的考察中，人們對香港的信心在提升，香港的人心在回歸。

"五十年不變"是一個哲學概念

2022.07.09

一

長期以來，在香港社會不少人眼裏，"五十年不變"似乎成了一個"魔咒"，持續縈繞在他們的心頭。從 1997 年 7 月 1 日香港回歸祖國的那一天起，"五十年不變"更成為一種有形無形的"倒計時"，隨著時間滴滴答答地流逝，他們越發有緊迫感、危機感，甚至為此焦慮惶恐。如今，香港回歸祖國已二十六年，"五十年不變"彷彿只剩下九千多天了。

二

香港社會的這種心態很正常，卻滋生了巨大的副作用。某種角度上，正是這種心態，催生了一些激進思想和行動，導致了香港回歸後風波不止、動盪不斷。表現在：

1. 尋求建立、壯大本地政治勢力，為"2047"後的前途作政治力量準備；2. 要求乃至苛求香港民主實踐不切實際地發展，不顧香港民主基礎爭取盡快實現"雙普選"（即行政長官和立法會普選），為"2047"後的前途架設政治制度基礎；3. 刻意淡化"一國"、強化"兩制"，以"兩制"排斥、壓制"一國"，通過教育上、傳媒、司法上的區隔，為 "2047" 後可能的改變製造民意、文化等社會政治基礎障礙；4. 靠近、拉攏外國反華勢力，甚至以出賣國家和香港根本利益為代價，博取他們在香港 "2047" 後延續資本主義制度的支持。

　　正是因為社會上有人擔心 "2047" 後的香港變軌易轍，一些人看到了操弄政治的空間、煽惑社會的舞台、撈取利益的機會，開始試圖用非法制化的手段、民意綁架的方式，甚至通過謀求 "自決" 和 "港獨"，來誤導市民，撈取政治資本。

三

　　香港 "2047 前途問題"，是個政治問題、法律問題，卻又是一個 "偽命題"。

　　可以說，從 "五十年不變" 這一說法提出開始，"五十年不變" 就不是一個純指標意義上的概念。

　　1984 年，鄧小平會見港澳同胞國慶觀禮團時表示："我們在協議中說五十年不變，就是五十年不變。我們這一代不會變，下一代也不會變。到了五十年以後，我國發展起來了，那時還會小里小氣地處理這些問題嗎？所以不要擔心變，變不了。"

　　1988 年，鄧小平會見 "九十年代的中國與世界" 國際會議全體與會者時表示："實際上，五十年只是一個形象的講法，五十年後也不會變。前五十年是不能變，五十年之後是不需要變。"

　　1990 年，鄧小平會見香港商人李嘉誠時表示："不會變、不可能變、不是說短期不變，是長期不變……就是說五十年不變，五十年後更沒有變的道理……"

　　事實是，從中英談判到香港回歸，"五十年不變" 在尚未步入實踐階段時，便已明確為"只是一個形象的說法"。

在香港回歸後，中央對這一說法的表態更是一以貫之，更加堅決地表明了"不會變"的態度和意志。

2015 年 12 月，習近平主席會見梁振英時表示："中央貫徹'一國兩制'方針堅持兩點。一是堅定不移，不會變、不動搖。二是全面準確，確保'一國兩制'在香港的實踐不走樣、不變形，始終沿著正確方向前進。"在 2017 年 7 月 1 日，慶祝香港回歸祖國二十週年大會上，他再次重申強調。

2022 年 5 月，習近平主席會見李家超時表示："中央全面準確貫徹'一國兩制'方針的決心從沒有動搖，更不會改變。"

2022 年 7 月，習近平主席在慶祝香港回歸祖國二十五週年大會上，再一次強調"四個不"，表示："'一國兩制'是經過實踐反覆檢驗了的，符合國家、民族根本利益，符合香港、澳門根本利益……這樣的好制度，沒有任何理由改變，必須長期堅持！"

從"不需要變"到"不會改變"，從"沒有變的道理"到"沒有任何理由改變"，從"長期不變"到"必須長期堅持"，"五十年不變"寫入了基本法，但從來不是一個時間週期概念，而只是一種承諾、一種意志、一種戰略安排。

2016 年 9 月 13 日，香港特區立法會會議上，有議員討論香港 2047 年地契到期後的處理問題。地政總署發言人回應：

"現時續期或新批出的五十年土地契約，年期均超越 2047 年。換言之，在土地行政上，2047 年並不是一個期限。"

不只是理念和認識層面，在實務與實踐層面，香港"2047 前途問題"都已經實質性地完成了跨越。

四

　　"一國兩制"是中國的基本國策。所謂"基本國策",就是短期不會改變,長期必須堅持。

　　中央港澳工作負責人其實更直白地表達過這一觀點。2021年7月16日,全國政協副主席、國務院港澳辦主任夏寶龍在"香港國安法實施一週年回顧與展望"專題研討會上發表講話,其中的一句話,即暗示或者說明示了"一國兩制"香港實踐在2047年的未來。他說:

　　"大家可以暢想一下,當我們國家第二個百年奮鬥目標實現的時候,'一國兩制'在香港的實踐將會是一種怎樣的光明景象?"

　　當時,靖海侯即撰文〈"2047+",中央擘畫的香港藍圖〉,解讀此講話指出:

　　"夏寶龍的講話,讓香港'2047年前途問題'的答案呼之欲出,這句話極其重要,表明了:2047年及以後,'一國兩制'方針不會變;2047年及以後,'一國兩制'實踐更成功;2047年及以後,'一國兩制'沒有不繼續貫徹下去的理由。香港2047後的未來,清晰而確定。"

　　夏寶龍主任更提出一個說法,讓香港的"2047前途問題"可以就此終結:"五十年不變是一個哲學概念!"

五

　　哲學(拉丁語:philosophia),源於古希臘語中的 φιλοσοφία,意思為"愛智慧"。

　　維基百科提到,哲學是研究普遍的、基本問題的學科,在日常用語中，哲學可被引申為個人或團體的最基本信仰、概念或態度。胡適則認為：「凡研究人生切要的問題，從根本上著想，要尋一個根本的解決：這種學問叫做哲學。」

中國共產黨從建黨之日起，即重視哲學思考，重視以哲學思考的方式，從根本上解決中國的各種問題。

夏寶龍主任將"五十年不變"定性為"一種哲學概念"，即明確了：

1. "五十年不變"，是一種方法論，更是一種認識論；2. "五十年不變"，是一種實踐觀，更是一種發展觀；3. "五十年不變"，是策略性安排，更是戰略性安排；4. "五十年不變"，是現實性舉措，更是價值性理念。

說得更直白點，"五十年不變"作為"一種哲學概念"，就是指它限定的不是時間，而是限定了一種路線；它解決現實緊迫的問題，更立足解決長遠、根本的問題；它是一種方法手段，更是一種政治智慧、政治藝術、政治胸懷。

"五十年不變"，香港回歸後實踐的每一天，看似在消耗、在減少，實際上卻都是以實踐的前進，延續其生命，拓展其長度。"五十年不變"，重在"不變"。"五十年"只是提供一種證據，證明這"不變"不需要改變，沒有任何理由改變。

當習近平主席指出"一國兩制"實踐在香港取得舉世公認的成功，夏寶龍主任傾情擘畫香港 2047 "一國兩制"的美好前景時，這證據已經有了。香港"2047 前途問題"還有疑問嗎？"五十年不變"，有限亦無限，有期即無期。香港社會、國際社會大可放心，徹底解除這疑慮：香港資本主義制度將長期保持，這長期，與2047 年沒有關係，且必將跨越 2047 年。

"一國兩制"是常青樹！

讀懂夏寶龍講話中的 "管治密碼"

2021.08.04

在慶祝中國共產黨成立一百週年大會上，習近平總書記作了重要講話。這一講話以史為鑑，映照現實、遠觀未來，系統闡明了中國共產黨百年奮鬥創建偉業的精神密碼和實踐密碼。讀懂這一講話，人們能看到中國共產黨、中華民族和中國人民的未來，也能看清中國走向這一未來的方法論和路線圖。而對香港來說，讀懂這一講話，同樣能看到香港的未來，看清香港走向這一未來的方法和路徑。

7月16日，全國政協副主席、國務院港澳辦主任夏寶龍在"香港國安法實施一週年回顧與展望"專題研討會上發表講話，從總書記"七一"重要講話說起，全面梳理"一國兩制"香港實踐今日之圖景，深刻展望"一國兩制"香港實踐明日之前景，正是一篇學習貫徹習近平總書記重要講話精神的"參考書"。

夏主任講話10000餘字，總體分為5大部分，告別香港的過去，肯定香港的現在，展望香港的未來，明底氣、表志氣、言骨氣，對維護特區社會大局穩定的方針、基礎、主體、力量、路徑、方法和環境全部講明了。以7個"有了"的香港之"變"證明香港國安法"好"，以4個方面的履責表現說明特區維護國家安全"能"，以落實3個方面的發展要求表示香港大有可為"行"，夏主任的講話就是意在以香港的新局面傳遞信心、以各界的新表現傳遞力量、以時代的新要求傳遞責任、以發展的新藍圖傳遞希望。

以習近平總書記"七一"重要講話精神為遵循，夏主任在講話中釐清了關於香港管治、關係香港長治久安的一系列重大問題。

　　堅定"一個方針"。總書記在"七一"重要講話中指出："我們要全面準確貫徹'一國兩制''港人治港''澳人治澳'、高度自治的方針。"夏主任在講話中表示："儘管隨著實踐的深入，不斷遇到許多新情況新問題、新挑戰，但中國共產黨踐行'一國兩制'的初心不變。""中央實行'一國兩制'方針不會變、不動搖，確保'一國兩制'實踐不變形、不走樣。"夏主任再說到："大家可以暢想一下，當我們國家第二個百年奮鬥目標實現的時候，'一國兩制'在香港的實踐將會是一種怎樣的光明景象？"細心的讀者應該能體會到這些話的深意。"堅持'一國兩制'和推進祖國統一"作為中國共產黨十九大確定的新時代堅持和發展中國特色社會主義的 14 條基本方略之一，作為十九屆四中全會確定的國家制度和治理體系所具有的 13 個方面顯著優勢之一，是必須長期堅持且必將"行穩致遠"的，香港的"2047 之問"是個偽命題。市民或有的對香港 2047 前途命運的擔憂，完全沒有必要。

　　堅守一個秩序。習近平總書記在"七一"重要講話中指出，要"落實中央對香港、澳門特別行政區全面管治權"。夏主任在講話表示："'一國'是'兩制'的前提和基礎，只有國家安全了，香港的繁榮才有保障，不能把維護中央全面管治權與保障特別行政區高度自治權對立起來，更不能以特別行政區高度自治權損害中央全面管治權。""國家安全屬於中央事權，中央對香港特別行政區有關的國家安全事務負有根本責任。"

　　國家憲法和香港基本法已載明香港的憲制秩序，作為中國的地方行政區域，香港特區實行"一國兩制"，中央擁有全面管治權。履行全面管治權對中央來說是責任和義務，擁護中央全面管治權對特區來說同樣是責任和義務。2019 年"修例風波"後，中央出手以雷霆之勢出台香港國安法、依法完善特區選舉制度，有力扭轉香港亂局，推進香港實現撥亂反正，正體現了中央履行全面管治權之力，正證明了落實中央對香港的全面管治權之必要。

履行一個責任。習近平總書記在"七一"重要講話中指出，要"落實特別行政區維護國家安全的法律制度與執行機制"。夏主任在講話中表示："全面落實香港國安法，是香港特別行政區政府的責任，是香港社會各界的責任，也是每一位香港市民的共同責任。"國家安全是一國生存和發展的基本前提，事關國家和全體國民的根本利益。講話中，夏主任更連續發問："試問，哪一個國家會容忍在自己的國土上搞分裂、搞顛覆？哪一個國家會容忍搞恐怖活動？哪一個國家會容忍外部敵對勢力肆意插手本國內政？"

國家安全，茲事體大。夏主任進一步明言，中央出台香港國安法"就是要讓香港'安'下來，保障香港長治久安和長期繁榮穩定。""'安'來'福'來，'安'是最大的福祉。只有'安'下來，香港才能好起來，才能有希望，才能有發展。""修例風波"的教訓已經夠深刻，香港社會因此付出的代價已經夠沉重，特區必須堅決履行維護國家安全的憲制責任，並全力築起香港維護國家安全的"銅牆鐵壁"。同時，此憲制責任具普遍意義、具整體要求，特區政府要落實，社會各界要落實，一般市民也要踐行。鞏固香港安全、安定、安寧的局面，離不開香港每一個方面的努力。所以夏主任在講話中強調，"希望香港人人都擔起責任來"。

落實一個原則。落實中央對香港特別行政區全面管治權，必須全面落實"愛國者治港"原則。習近平主席在北京聽取林鄭月娥2020年度述職報告時強調："香港由亂及治的重大轉折，再次昭示了一個深刻道理，那就是要確保'一國兩制'實踐行穩致遠，必須始終堅持'愛國者治港'。這是事關國家主權、安全、發展利益，事關香港長期繁榮穩定的根本原則。"

　　夏主任在講話中表示，"香港大有可為必須嚴格落實'愛國者治港'原則。"對如何落實"愛國者治港"原則，夏主任又提出了兩個方面的具體要求：一是堅決把反中亂港分子排除在特別行政區管治架構之外，明確"這是一條鐵的底線，同樣適用於澳門特別行政區"；二是要確保選出管治能力強的堅定愛國者。同時，夏主任在講話中為當前落實"愛國者治港"原則提出目標，即：當前"要確保即將到來的選舉委員會選舉、立法會選舉、行政長官選舉順利進行，確保香港特別行政區政權掌握在愛國愛港人士手中，推動香港實現良政善治。"

　　據此原則，可見可望的是，今後進入特別行政區管治架構的人都將是愛國愛港者，任何一個反中亂港分子絕不可能再通過任何途徑和方式混進特別行政區管治架構，變成管治者。

　　確立一個標準。習近平主席在聽取林鄭月娥述職報告時還指出："只有做到'愛國者治港'，中央對特別行政區的全面管治權才能得到有效落實，憲法和基本法確立的憲制秩序才能得到有效維護，各種深層次問題才能得到有效解決，香港才能實現長治久安，並為實現中華民族偉大復興作出應有的貢獻。"很明顯，此要求包含了對香港管治者的政治要求，也體現了對香港管治者的能力素質要求。夏主任在講話中表示："管治好香港絕非易事，沒有點真本領是不行的。""（管治者）不僅要愛國愛港，還要德才兼備、有管治才幹。"並進一步明確了香港管治者的 5 個標準，即立場堅定、擔當作為、為民愛民、有感召力、有責任心。

　　在此部分論述時，夏主任話語生動，表達直接，飽含對香港市民的深情、對香港管治者的期待。以此為工作遵循和行動指南，特區管治者就能擔起維護國家主權、安全、發展利益的責任，就能主動破解香港發展面臨的各種矛盾和問題，就能團結一切可以團結的力量為民眾解憂排難，就能不負中央和香港市民的期望。

奔赴一個目標。習近平總書記在"七一"重要講話中指出，要"維護特別行政區社會大局穩定，保持香港、澳門長期繁榮穩定"。夏主任在講話中對保持香港長期繁榮穩定的內涵和外延，作出了系統闡述，訂立了長遠目標，擘劃了清晰藍圖。大的方面來說就是一個主題，即"中華民族偉大復興，香港、澳門絕不能缺席，也一定不會缺席！""香港在中華民族偉大復興歷史進程中大有可為。"

具體來說就是"4個期盼"，即經濟繁榮、民生富足、國安家好，及成為全世界都為之心馳神往的新的東方明珠。這"4個期盼"有目標有指標，觸及現實問題又指明長遠發展，涵蓋香港經濟、政治、社會、民生等各領域。香港未來的模樣、2047年的圖景，可謂描繪至全、刻畫入微了。要想美好的遠景變為現實，特區政府、社會各界、全體市民就需齊心奔赴，同力開拓，在融入民族偉大復興歷史洪流中拚搏奮鬥。如此，"一國兩制"香港實踐的未來將清晰而確定。

經歷撥亂反正，香港已重新出發，真正踏入新時代。法治有力量，盡責有作為，奮鬥有方向，書寫新的"香江傳奇"不是夢。夏主任的講話用一個主題詞概括，就是"國安家好"四個字。以前的香港撕裂紛爭久矣，亂象亂局所帶來的只是經濟民生困頓、社會政治混亂，香港在"泛政治化"的泥沼中逡巡不前。"修例風波"後，香港國安法頒佈施行，香港市民應該看到這一"守護神"為香港帶來的巨大變化，應該能體察到中央全面落實"愛國者治港"原則的良苦用心。香港管治的新篇章已經開啟，跟著時代走，向光而生，持續奮鬥，逐夢前進，每個香港市民的幸福才可望可及，才能享受香港安全、安定、安寧下的歲月靜好。

對 "中央港澳工作辦公室" 的幾點認識

2023.03.18

一

3月16日，中共中央、國務院印發《黨和國家機構改革方案》（簡稱方案）。《方案》提出："組建中央港澳工作辦公室。承擔在貫徹 "一國兩制" 方針、落實中央全面管治權、依法治港治澳、維護國家安全、保障民生福祉、支持港澳融入國家發展大局等方面的調查研究、統籌協調、督促落實職責，在國務院港澳事務辦公室基礎上組建，作為黨中央辦事機構，保留國務院港澳事務辦公室牌子。不再保留單設的國務院港澳事務辦公室。"

港澳工作系統，迎來重大基礎性、體制性、機制性改革。

二

根據《方案》，"中央港澳工作辦公室" 具有鮮明的兩個基本屬性：

1. 是黨中央辦事機構，直屬黨中央；

2. 同時保留原機構牌子，一體兩用。

從國務院辦事機構劃轉為黨中央辦事機構，正是這次港澳工作系統最大的改革。

三

第一個問題：為什麼要劃轉為黨中央辦事機構？

黨的二十大報告提出，全面建設社會主義現代化國家，必須牢牢把握"五大原則"，為首的便是"堅持和加強党的全面領導"，"堅決維護黨中央權威和集中統一領導，把党的領導落實到党和國家事業各領域各方面各環節"。同時，報告進一步明確，"完善黨中央決策議事協調機構，加強黨中央對重大工作的集中統一領導"。

"中央港澳工作辦公室"組建後，作為黨中央辦事機構，正是貫徹落實二十大精神和決策部署的具體實踐。以党的直接領導加強党的全面領導，以完善的體制機制保證高效的運行管理，成為黨中央辦事機構後，中央對港澳工作的領導將"如身使臂，如臂使指"。

四

第二個問題："中央港澳工作辦公室"明確了哪些關係？

組建"中央港澳工作辦公室"，不僅涉及"國務院港澳事務辦公室"，而是涉及整個港澳工作系統：

1. 進一步明確了党的領導與"一國兩制"港澳事業的關係；

2. 進一步明確了中央全面管治權與特區高度自治權的關係；

3. 進一步理順了"中央港澳工作辦公室"與中央駐港機構的關係；

4. 進一步理順了中央各有關部門在港澳事務上的關係；

5. 進一步理順了中央港澳工作機構與特區政府的關係。

領導與被領導、協調與被協調、監督與被監督，港澳工作系統各機構、各方面、各項事務均一體領導、一體統籌、一體推進、一體落實。

其中，所體現的進一步理順的兩個深層次關係是：

1. 港澳系統中央各所屬部門之間的關係；

2. 中央有關部門和特區政府之間的關係。

中央和地方權責清晰，前方與後方職責明確，上下貫通，前後暢通，體制上完全一體，機制上完全咬合。一言以蔽之，港澳工作在黨中央直接領導下，有了機構上的"主心骨"。

五

第三個問題："中央港澳工作辦公室"的機構規格是什麼？

組建"中央港澳工作辦公室"，將港澳工作直接置於黨中央領導下，體現了習近平主席對港澳"一國兩制"實踐的高度重視和深切關懷，體現了黨中央堅持和完善"一國兩制"制度體系的堅強決心和意志。

組建"中央港澳工作辦公室"，體現了中央對港澳工作重視上的"升級"、港澳工作層面上的"升格"，以及貫徹落實"一國兩制"方針戰略上的"升維"。

然而，組建"中央港澳工作辦公室"，關鍵在於機制上的安排而非級別上的設定。

所謂機制上的安排，即：

1. 提升工作的層面；

2. 提升統籌的力度；

3. 提升運轉的效能。

關於中央港澳工作辦公室"的機構規格，可以參照"中央台辦"。"中央港澳工作辦公室"所涉及的人員級別問題，只服務於工作需要，並不必然有特殊安排。這一體制性調整，已經對港澳工作更好開展提供了堅強的組織保證。

六

第四個問題：為什麼要保留"國務院港澳事務辦公室"的牌子？

按香港基本法規定，"香港特別行政區是中華人民共和國的一個享有高度自治權的地方行政區域，直轄於中央人民政府"。因此，中央履行全面管治權，體現為中央人民政府對香港的管治。

可以注意到，在《黨和國家機構改革方案》發佈會，國務院港澳事務辦公室在發表的聲明中提到，"這一改革充分體現習近平主席對港澳"一國兩制"實踐的高度重視和深切關懷"，用的正是党和國家領袖的主席身份。保留"國務院港澳事務辦公室"的牌子，正是依法管治香港的體現。

所謂"一體兩用"，正是如此考慮，即：

1. 面對全國、內地及中央駐港機構，"中央港澳工作辦公室"是第一名稱；

2. 面對特區及特區政府、香港社會，"國務院港澳事務辦公室"是可用名稱。

七

第五個問題："中央港澳工作辦公室"有哪些職能？

"中央港澳工作辦公室"的組建工作尚在進行，機構的"三定方案"尚未發佈。根據《方案》看，其工作圍繞六個主要方面展開：

1. 貫徹 "一國兩制" 方針;

2. 落實中央全面管治權;

3. 依法治港治澳;

4. 維護國家安全;

5. 保障民生福祉;

6. 支持港澳融入國家發展大局。

其職能配置,《方案》則明確了三大職能體系:

1. 調查研究;2. 統籌協調;3. 督促落實。

可以想像,其具體的職能配置將包括:

——調查研究方面,發現問題,總結經驗,提出意見建議,提供決策參考;

——統籌協調方面,統籌港澳工作,統籌相關部委港澳方面的職責,協調中央駐港機構,協調特區政府;

——督促落實方面,督促全國各方貫徹落實中央涉港澳決策部署,督促中央有關部門、中央駐港機構特區政府落實有關涉港澳任務。

在現有國務院港澳事務辦公室的主要職能中,相關用詞除了 "執行" "承辦" "管理" 等,還有 "了解" "指導" "協同" "協助" 等比較軟性的用語。可以預見的是,"中央港澳工作辦公室" 的職能描述將更具剛性、更為直接、更有力度。

八

機構改革是大事,牽一髮而動全身。實行機構改革,堅持問題導向,一定是因為問題凸顯、形勢迫切,難以適應或不能完全適應發展需要,到了不能不改的階段。

第六個問題：組建 "中央港澳工作辦公室" 背後的動因是什麼？

對此，研讀《黨和國家機構改革方案》，不難發現一些重大考慮：

1. 組建 "中央港澳工作辦公室"，是擁護 "兩個確立"、做到 "兩個維護" 的體現，這是機構改革的根本出發點；

2. 組建 "中央港澳工作辦公室"，是統籌黨中央機構、全國人大機構、國務院機構、全國政協機構的體現，這是機構改革的重要方法論；

3. 組建 "中央港澳工作辦公室"，是統籌中央和地方的體現，這是機構改革的關鍵著力處。

此外，涉及機構改革，"優化協同高效" 原則是 2018 年《中共中央關於深化黨和國家機構改革的決定》既定的改革方針，組建 "中央港澳工作辦公室" 同樣遵循此原則：

1. 在資訊傳遞上，保證 "上情下達" 和 "下情上達"，體現效率；

2. 在運行管理上，保證 "執行下去" 和 "落實到位"，體現效能；

3. 在系統推進上，保證 "左右打通" 和 "前後暢通"，體現效果。

掌握香港最真實的情況，把握中央最權威的聲音，整合各方最有效的行動，組建 "中央港澳工作辦公室" 後，港澳工作的資訊對稱度、決策執行力、工作整體性都會大大增強。

圍繞在一個核心，運行在一個主軸，作用在一個機制，行動在一個步調，不要各說各話、各自為政、各行其是 —— 這就是組建 "中央港澳工作辦公室" 致力實現的目標。

九

還有一點，值得香港社會注意。

香港回歸二十五週年時，國家主席習近平出席慶祝大會並講話。他指出："社會主義制度是中華人民共和國的根本制度，中國共產黨領導是中國特色社會主義最本質的特徵，特別行政區所有居民應該自覺尊重和維護國家的根本制度。"

將有關機構從國務院系統劃歸黨中央系統，也是貫徹落實國家主席習近平這一講話精神的重要行動。中央涉港機構隸屬關係的重大變化，就是為"特別行政區所有居民應該自覺尊重和維護國家的根本制度"，提供機構上機制上的保證。

正本而清源，名正則言順。

黨的領導，理直氣壯，正大光明。組建"中央港澳工作辦公室"所體現的，正是黨對推動"一國兩制"實踐行穩致遠，意志堅定，充滿信心。

香港國安法的執行尺度

2021.01.06

一

國安法，正在香港落地生根——以施行的速度和力度，以影響的廣度和深度，以實踐的氣勢和態勢，也以塑造的形勢和趨勢。

二

國安法利劍出鞘，威力彰顯。反中亂港勢力，在國家展示真正的力量後，或解散，或潰逃，或被清理和整治，亦顯現其虛浮、脆弱甚或不堪一擊的一面。

但對於國安法出台後的法律實踐，香港社會包括內地也存在兩種不同的評價和期待。

一種認為，實踐走得太猛、太快，持續的搜查和拘捕將製造社會的焦慮、惶恐情緒，催生新的潛在的"逆反心理"，於社會政治基礎的重建不利，且於"一國兩制"事業的觀感不好。

一種認為，實踐走得太慢、太輕柔，駐港國安公署至今沒有行使管轄權，沒有全面呈現這部全國性法律的真正威力，可能會影響香港撥亂反正的速度，給反對派以幻想和繼續興風作浪的空間。

兩種觀點客觀存在，均有其"市場"，相互激盪與碰撞下，讓香港社會有許多疑問：

1. 國安法的執行尺度問題。

2. 香港反對派的生存發展問題。

3. 香港自由社會的前途命運問題。

無疑，這些問題都是香港的 "時代之問"。

這些問題，不釐清不足以理解國安法，不辨明不足以理明政治秩序，不搞清楚不足以理順 "一國" 與 "兩制" 的關係。

三

國安法的尺度在哪裏？

說明這一點，其實只有兩個字：依法。由此，我們完全可以釐清這一問題。

1. 導向上，能用則用。

即：國安法不能只有表面的威懾力，還當有實際的執行力，凡是可能觸犯國安法的，都應當用國安法來審視。國安法不能只是像滙豐銀行擺在門口的鐵獅子一樣，它不能靜置，不是備用，一定要三百六十五天二十四小時保持警覺和戰鬥狀態。

據此原則：①對相關違法行為，保持與國安法的對照；②對相關違法行為，爭取國安法的積極介入；③對相關違法行為，主動考量國安法落地的可能。

2. 實踐中，應用盡用。

即：國安法應嚴格執行，在可以運用時不能因事而異；應全面執行，在可以運用時不能因人而異；應長期執行，在可以運用時不能因時而異。國安法在適用時不能成為法律懲戒的一種選項，不能放過任何一個觸犯了它的人，不能輕饒任何一個觸犯了它的人。

據此原則：①能用國安法判的用國安法判；②駐港國安公署能介入的就介入；③不嚴打也不從寬，一切從國安法規範出發。

國安法，唯有確立"能用則用"的導向，才能真正讓香港社會"內化於心"，在香港社會落地生根；唯有確立"應用盡用"的標準，才能真正懲治犯罪者、阻嚇陰謀家。

在香港撥亂反正的關鍵階段，這才是國安法實踐應傳遞給香港社會的信號。

四

國安法後的"焦慮恐慌情緒"是有的，但它們只屬於有"心魔"的人，只屬於犯有"原罪"的香港反對派。

國安法後，香港反對派在調整：有主動的，也有被動的；有選擇暫時退下來觀望的，也有想清楚了徹底洗心革面的；有等待蟄伏的，也有不停試探試圖發現"灰色地帶"的。

他們想搞明白，國安法下該怎麼活動才能保持其影響，該走什麼路線才能存續其力量，該以怎樣的方式才能繼續其一貫的對抗。

而香港社會也想搞明白，國安法下還容許反對派存在嗎？支持反對派的人還能像以往那樣支持嗎？國安法於本地政治的影響會重塑政治格局嗎？

這些，都與反對派的生存發展問題有關。

我們或許可以這樣理解：

1. 在中央看來，香港反對派作為一個陣營，本不應該成為管治的"敵人"，即便這個陣營有很多問題甚至是嚴重的問題，但也沒有從整體上被視為"敵人"。

2. 香港反對派是可以存在的，且是可以長期存在的。甚至，為了管治的優化、施政的改善，某種意義上是一定要存在的。

3. 香港反對派的存在當是健康有序的，於"一國兩制"有益的，是建立在整頓和自我整頓之後能發揮積極作用的基礎之上的。

4. 能回答香港反對派生存發展問題的，就是香港反對派自己。

明白了這些，香港反對派就能重新確立生存的根基，重新確立發展的方向，重新找到作為的空間。

或者可以說，香港反對派需要釐清"反對"二字的真正含義：

一方面：1. 此反對，不是反對國家體制；2. 此反對，不是反對整個特區政府建制；3. 此反對，不是"為了反對而反對"。

另一方面：1. 此反對，可以反對特區政府的某項政策；2. 此反對，可以反對特區建制裏的某個官員的某種言行；3. 此反對，是針對具體事務的反對，是在香港本地社會具體治理層面上的反對。

香港反對派當然可以生存，當然可以發展。這樣的反對派，香港市民當然可以支持，特區政府也當然要給予支援。

五

只要是了解香港的人，就會知道香港社會有多多元，有多自由。國安法施行前，香港社會如此；國安法施行後，香港社會也將如此。

因為一些拘捕行動，香港一些人對"香港自由社會的前途命運問題"產生疑惑，這是"三個不理解"所致：

1. 不理解中央貫徹落實"一國兩制"的誠意，將國家不得不出手的舉措視為"干預"；

2. 不理解香港問題已在懸崖之上的嚴重性，將拯救香港的行動視為"破壞"；

3. 不理解基本法的權威性和國安法的有限約束，將維護國家安全與個人行使自由、權利對立起來。

對香港自由社會前途命運的隱憂，皆源於此。

而之所以如此，只是因為香港社會長期存在的"迷思"和對"自由"的錯判。1. 在破壞國家安全上，沒有自由可言；2. 顛覆特區政府的行動就是破壞國家安全；3. 國安法就是國安法，界定的只是基本法第一條、第十二條、第二十三條的相關內容，香港市民在基本法的其他條款裏，自由、權利已被廣泛、充分保障。

國安法的運行，不會脫離"懲治極少數，保護大多數"這一原則。香港施行"一國兩制"，是中央作出的莊嚴承諾。國安法所能改變的，僅是香港的亂局與亂象；所能帶來的，只會是香港的穩定與安定，中央和兩地對"一國兩制"繼續發展下去的信心。

國安法從來也不是香港高度自治的範疇。而香港"內地化"，非中央所願；香港不會"內地化"，更是歷史走向。

六

"求大同，存大異"，這是進行"一國兩制"頂層設計的理念，也是"一國兩制"實踐體現的精神、具有的內涵。

出台國安法，是"求大同"。香港作為一個特區，已然從憲法層面進而在基本法中決定了其"存大異"的必然性和長期性。這些根本性的方面，不會改變。

而當下香港進行的撥亂反正，恰恰是為了捍衛這些根本性的方面，為了它的行穩致遠。

第二部分

看見香港變化

香港清明

2023.04.04

一

清明時節，氣清景明，萬物皆顯，正是種瓜點豆的時候。而掃墓祭祖，慎終追遠，乃清明之要事。

於個體言，要知道家的淵源——生在何方，長在何處；於群體言，要知道國家和民族的歷史——從哪裏來，到哪裏去。

4月1日，寧夏固原市第二中學800多名高一學生，弘文中學1400多名七、八年級學生，開展徒步百里祭英烈活動。這，是一種慎終追遠。4月3日，香港約250名來自新界鄉議局元朗區中學和漢華中學的師生，組成首個公民科學生內地考察團前往廣州和深圳考察。這，也是一種慎終追遠。

國家有歷史，個人有記憶。或在重溫中體察太平的生活來之不易，或在體驗中感念國家的發展日新月異，或增強理想的信念，或增進身份的認同，兩地學生所作所為，有先有後，有近有遠，卻是同出一轍。

二

有根，才有基礎。一個人，一個地方，乃至一個國家，往往都是：有了歸屬感，才有存在感和方向感；有了認同心，才有奮鬥心和進取心。

由亂到治後，香港社會不少人都說，這是"二次回歸"的開始。其意思，就是說過去的二十多年，香港都在精神尋根的路途上。對於亂象，從不痛不癢到大徹大悟；對於國家，從不聞不問到不即不離；香港這次全面、深刻、系統撥亂反正的最大意義，便在於讓香港回到歷史的和常識的層面，接受深切又真切的現實：在中央之下，在民族之中，在一國之內，和祖國內地在一個命運和利益的共同體裏。

"根"於香港，實則包含四層含義：

1. 歷史文化之根，根在中華民族；

2. 特區之根，根在中國共產黨的"一國兩制"方針；

3. 高度自治之根，根在全國人民代表大會的授權；

4. 繁榮穩定之根，根在依託祖國和內地的支持。

把根留住，正是香港的撥亂反正，正帶來了香港的由亂到治，正為香港由治及興夯實了基礎。

三

"風景清明後，雲山睥睨前。"

找到了根，在根上生長，人就不會再迷茫不安，城就不會再風波不止。管治好香港，並不難。

過去，所以社會動盪，就在於對"根"的漠視；現在，所以社會穩定，就在於對"根"的敬畏。"根"呵護好了，香港就不會有風雨飄搖；"根"強壯起來，香港就可以自由舒展。可以說，香港管治智慧最大的一條，就是從根上施治，厚植香港的元氣。

孔子所撰《序卦傳》說："有無妄然後可畜，故受之以大畜。"根基不牢，地動山搖，更會生出各種妄念。妄念，正是過去給香港社會帶來混亂和凶禍的主要致因。

如今，香港由亂到治，走向由治及興，找到了"動之以天，動之以道，動之以無妄為根本"的發展路線，就可以"止邪止惡於未萌未發"，香港的大局就可以長期穩定下去，形勢就可以長期明朗起來，長期的確定性就可以有保證。這，就是帶給香港的"清明風景，睥睨雲山"，通透不再渾濁，堅定不再逡巡，"百花如舊日，萬井出新煙"。這樣的香港，也就不再是一個難懂的香港，可以"萬物皆顯"，可以清潔而明淨，可以"種瓜得瓜，種豆得豆"，有穩固的預期，而不是總有各種走樣、變形和扭曲了。

四

先經歷暴亂，再經歷疫情，暮春清明的香港，也是病後初愈。

之所以一再強調"香港不能亂也亂不起"，就在於亂帶給香港的，是發展受阻、優勢耗損、機遇錯失，是貽誤了時間，黯淡了光彩，模糊了前景。從亂中走出，在疫後突圍，香港當前所面臨的是重塑發展和重建輝煌的課題。而時下所呈現出來的向好趨勢，將會成為一劑有效的"強心針"，讓人預期走強、希望擴展。

今年 1 月 26 日至 2 月 26 日，香港美國商會（美國在華民間組織，美國本土外最大商會之一）就香港商業環境進行信心調查，其資料顯示：1. 有 73% 的會員對"香港法治制度"有信心；2. 有 62% 的會員認為"香港國安法沒有對公司在香港運作帶來負面影響"；3.2023 年相比 2022 年，表明不會"考慮未來三年內將公司總部從香港遷走"的會員比例大幅上漲 13%，表示"不確定"的比例大幅下降 26%，準備遷走的不足一成。

　　美國在港企業的表態，呈現出一些顯而易見的事實：1. 香港發展的確定性得到各方面確認；2. 外資在港發展的信心正在亂後提升；3. 對於香港法治、香港國安法，大部分美企持正面態度；

　　一段時間以來，特首李家超總強調"香港回來了"。香港回來了，回來的不僅是社會的穩定性，還在於找到了發展的確定性。

　　"吳山楚驛四年中，一見清明一改容。"從心理學上講，"向好"比"好"還好，"趨勢"比"形勢"更有價值，感受香港當下的這種變化，人們的信心正可以培育起來，滋長上去，端正心中的顧念，堅定腳下的行動。

五

　　"梨花風起正清明，遊子尋春半出城。"難得的是，經歷"修例風波"和疫情三年，香港社會自上到下，都有了一種普遍且強烈的危機感。

　　甚至有時候看到新加坡新出台的一項招商引資舉措，全港都表現出一種"草木皆兵"的感覺。"帝里重清明，人心自愁思。"固有優勢不能削弱，新興優勢需要培育，危機感帶來緊迫感，緊迫感加強了行動的決心，加快了行動的步伐。風正起，半出城。重建輝煌，香港剛剛出發。

六

　　古時，清明節前是寒食節。寒食節起源於春秋時期介子推的故事，崇尚的是忠孝理念，也有民本思想。一切發展，終究是為了人。

在香港回歸二十五週年慶祝大會上，國家主席習近平說：“當前，香港最大的民心，就是盼望生活變得更好，盼望房子住得更寬敞一些、創業的機會更多一些、孩子的教育更好一些、年紀大了得到的照顧更好一些。”他要求：“新一屆特別行政區政府要務實有為、不負人民。”

香港由亂到治走向由治及興，市民需要獲得感。寒食節前後，如果特區政府有“遠山楓外淡，破屋麥邊孤”——這一和市民憂患與共的思想，看到他們在固化的利益藩籬下被壓制的困苦，應當問問自己，有沒有帶給市民具體而實在的獲得感，有沒有更清楚香港下一步改革發展的方向。這個地方，全球微笑指數歷來不高，不開心的太多，太沉重的不少。如果局面轉變的紅利，不能轉變為人們的幸福生活，那就不是治興。人們希望的，是“馬穿楊柳嘶，人倚秋千笑”，在每個清明節日都能快樂出遊。

這條路，才是香港管治的“綠野晴天道”。

七

清明三候——一候桐始華，二候田鼠化為鴽，三候虹始見，恰可以說明香港的三階段：正本清源，撥亂反正，由治及興。

從中央履行全面管治權，到制定實施香港國安法，到聚焦發展主題，香港堅定了意志，規範了秩序，催生了憧憬。所謂慎終追遠，一為了明曉出發點，二為了明曉落腳點。在出發點和落腳點之間，就是去塑造應接不暇的風景，去呈現“南國春半踏青時，風和聞馬嘶”那種溫暖、積極、奮發的狀態。這，才是香港真正的“春和景明”。

"寬恕"下的良苦用心

2023.03.24

一

時過境遷，"黑暴"漸行漸遠，有人深入反思，有人潛逃出走，有人選擇了寬恕，有人則收納了記憶，淡忘了苦難。

一個問題是：那些參與過暴力暴動或宣揚過"港獨""攬炒"的人，是不是還是社會風險的一部分？他們又是否應該被放過、被原諒、被遺忘呢？

二

於此方面，香港當下的主題有兩個：一是懲治；二是寬恕。

一方面，修例風波相關案件繼續推進。據有關資料，截至2022年10月31日，香港警方在修例風波期間拘捕10279人，其中有超過2800人被檢控，另有6000多名曾經被捕的人員至今未被起訴。

另一方面，幫助修例風波犯罪人員更生成為課題。香港特區政府保安局局長鄧炳強曾表示，因修例風波被判入獄的人員中，有6成至7成的人深感懊悔，希望以後可以安排他們到大灣區工作。

兩個事實很清楚：1. 在所有被捕人員中，有高達6成的人員尚未償付代價；

2. 在所有入獄人員中，有至少 3 成的人員仍然缺乏悔意。如今，社會上不少人呼籲寬恕他們；同樣，社會上也有不少人想問，何以寬恕他們？

古語云："刑稱罪則治，不稱罪則亂。"又曰："有功不賞，有罪不誅，雖唐虞猶不能以化天下。"舊事要放下，社會要前進，年輕人犯錯要諒解。問題的焦點是：1. 何以看到他們這些人真正的幡然悔悟？2. 何以對修例風波中艱苦鏖戰的人以交代？

不少人對靖海侯說，年輕人受蠱惑犯了錯，不是不想寬恕他們，但心裏的這個坎還是很難過去；而直到今天，打開香港的社交媒體，走進香港的黃店，仍然能看到他們不少人徘徊在原地，不願擁抱這個已然新生的香港。

三

香港是個多元包容的社會，這一文化由來已久。對於要更生的囚犯、要進步的"黃絲"，香港不是不願意打開懷抱。

近期的兩個例子——幫助修例風波被捕人員申領回內地"通行證"及知名"黃店"阿布泰轉態事件，都映射出香港的一種世態，透射出社會的一種狀態，折射出市民的一種心態：

1. 以此看香港，她的由亂到治是普遍的、系統的、深刻的；

2. 以此看"黃絲"，他們或主動或被動，正在走進新的時代；

3. 以此看市民，他們為今天的香港振奮，對過去又百感交集。

四

這正是香港香港社會的一種祈願：

1. 盼望香港因修例風波造成的傷疤能夠完全癒合，可以走出這陰影；

2. 盼望更多身負原罪的人能夠迷途知返，去正視並貢獻社會的進步；

3. 盼望人們不再以"藍"與"黃"作政治區分，大家放下隔閡，走到一起。

於是，一度飽受黑暴之苦的人們在怨恨和寬恕之間選擇了寬恕，在排斥與幫助之間選擇了幫助，在質疑與歡迎之間選擇了為公開悔悟、願意與反中亂港勢力徹底"割席"的人奉上掌聲。

放下那些被欺騙愚弄、被裹挾煽動、被打壓戕害的過去，選擇與當初的敵人、曾經的暴徒和解，並不是一件很容易的事，其中蘊含著整個香港社會的良苦用心。

五

"阿布泰"的轉態，當然是個好的典型；今天的香港，當然需要更多轉態的"阿布泰"。

反中亂港餘毒還在，撥亂反正未到終點，穩定下來的香港裏，還有湧動的暗流。更多今天這樣的"阿布泰"，可以讓潛伏在各行各業的反中亂港殘餘分子更加絕望，可以進一步瓦解反中亂港勢力深層次的堅冰，加速它的徹底崩塌。

然而，對於"阿布泰"一類轉態的"黃店"，對於那些出獄懊悔正尋求更生的香港青年，他們得到了寬恕，卻還需要繼續驗證自己真正的覺悟。他們不過是領悟了基本的道理，找回了基本的敬畏，作出了基本的姿態。他們的行為讓人欣慰，讓人讚賞，但他們還不至於榮耀加身，被冠之以高尚，被推上英雄的位置。對他們，人們給了機會，也在“聽其言觀其行”，而寬恕只是原諒的開始。

有句話說得好：“錯誤人皆有之，寬恕方為神聖。”犯了錯或犯了罪，必須要付出代價，不如此不足以深省；神聖，只屬於那些選擇寬恕、葆有期望的人，只屬於這個包容的社會、進步的時代；而修例風波的黑暗，人們永遠不會忘記。人們期望著，那些被寬恕的人，會用後續有力的行動，真正對香港和國家的貢獻，證明他們配得上這份寬恕！

傳媒漸變：香港輿論場的轉身

2023.02.26

一

2 月 23 日，2023 年世界盃男籃亞大區預選賽，中國隊對戰哈薩克斯坦隊。大批香港同胞到荃灣球場為國家隊打氣，在現場球迷的吶喊助威聲中，中國隊以 71:59 取得勝利。首戰，主場，中國香港。中國男籃的第一次，中國香港的第一次。

賽前，香港《明報》報導：〈國籃荃灣主場迎哈國〉；賽後，香港《信報》報導：〈國籃力挫哈薩克〉。香港《星島日報》概括報導：〈國男籃在港迎戰哈薩克大捷，彰顯主場威力〉。

國事，港情，時代風貌。

在中國男籃這一比賽活動上，透過香港媒體方方面面的報導，發現其稱謂在變化、風格有調整、氣氛更積極的轉向，能確認其認識深化、定位變化、姿態優化的一面，能鏡像折射出一個不斷更新的香港。

二

香港媒體，時代的重要元素。

過去很長一段時間裏，無論是 2012 年的"反國教運動"、2014 年的非法"佔中"，還是 2016 年的"旺角暴亂"、2019 年的"修例風波"，香港媒體或衝鋒在前、或裹挾其中，都以新聞報導並超越媒體屬性的方式，深度參與了香港所有的重大社會事件。

　　一个事實是，在撕裂內耗的社會中，香港媒體同樣深陷政治泥沼，被反中亂港勢力綁架脅迫，公信力難以構建且節節敗退，在社會上呈現的面目同樣不堪。

　　風波不止、穩定難求，新聞媒體被不良風氣鉗制，某種角度上，香港媒體也是受害者。

　　香港由亂到治，拯救的又何嘗不是他們？！

三

　　制定實施香港國安法，完善特區選舉制度，解放了香港社會，也解放了香港媒體。

　　撥亂反正後，發生在香港媒體身上的一些顯而易見的變化是：理性在恢復，敬畏在養成，形象在提升，轉型發展在實踐。

　　開始守住報導的底線，少了誘導誤導；開始注重評論的立場，更多建言建設；開始是其是非其非，主動去"標籤化"、去"政治化"。香港媒體這種被動又主動的轉型調整，既為自己贏來了安寧，也為社會帶來了安寧，既為社會傳遞了香港發展的確定性，也獲取了自身發展的確定性。亦如社會生態的改良，香港傳媒生態也在同步嬗變。

　　1月16日，上任香港中聯辦主任後首個工作日，鄭雁雄見傳媒時表示："一定努力做一個懂香港、愛香港、為香港好的人，在香港多講"北京話"，在北京多講"香港話"，竭盡全力服務推動香港"一國兩制"行穩致遠。"

　　今天，打開香港媒體報章、網站、App，同樣也能看到他們

"在香港多講‘北京話’"的表現，對中央聲音和國家議題多了一份關注、一份尊重、一份支持。

從習慣性踩踏到客觀宣介，從習慣性質疑到負責任研判，從習慣性反對到就事論事，香港媒體有反思覺醒，有調整進步，表現出了有心重構人們對香港傳媒認知的努力。

主動調整、正確歸位，香港媒體才能真正找到健康可持續的生存發展之道，才能真正告別觀望、卸下沉重、找回節奏，也才能真正睜眼看香港、看國家、看世界，升級視野和格局，善用香港新聞自由的空間和潛能，匯入推動社會進步的洪流中。

四

發生修例風波，又遇三年疫情，香港歷經風雨。隨著香港由亂到治、內地與香港全面通關，香港回來了。新一屆特區政府在行政長官李家超帶領下，正全力推進香港復甦。為了香港，大家都在同心同行。

共同講好香港故事、灣區故事、中國故事，廣東在行動，特區政府在行動，中央涉港機構在行動，香港媒體在行動。認知更全面，格局更開闊，定位更準確，香港媒體在推動社會進步上所發揮的作用就會更大。正在打開的，是香港的新篇章，也是香港媒體的新篇章；正在激發的，是香港的新動能，也是香港媒體的新動能。

過去香港的亂，通過媒體呈現，媒體也受干擾，也有亂象。如今香港的治，也在通過媒體呈現，媒體也受益其中，也在由亂到治。"講好香港故事"，也是香港媒體在"講好自己的故事"。共同繁榮，各自精彩，這才是理想的"一國兩制"香港事業，才是健康的香港傳媒生態。信任來之不易，香港媒體當珍重！

漸入佳境的有效溝通

2023.01.18

一

香港與內地通關，分階段有序恢復人員正常往來，對兩地來說都是大事。

於香港，通關代表著內外雙向打通、真正全面復常；於內地，通關意味著告別非常時期、走出發展困局。

因其象徵的、實際的、表現的意義重大，兩地通關是否順暢、運行是否良好，也成為一種風向標。

二

兩地此次通關，不同尋常，還有一個新的大背景。

香港這邊，三年來大破大立，社會政治格局巨變。從一系列形容香港新形勢的官方用語——"重大轉折""浴火重生"等，足以窺見香港變化的廣度、深度和力度。內地這邊，三年來艱苦戰疫，傾注一國之力。如今跨入新階段，從疫情陰霾中突圍，與海外再作廣泛實際連結。

時空轉換，背景更新。兩地通關實現人的正常往來，也可以體現出兩地更高層面、更深領域、更新方式、更高效率的交流合作。

香港業已形成的"愛國者治港"新格局,以及內地開啟新一輪發展的新狀態,都會在通關上折射出來。

通關是一域,通關也是全局。

三

兩地通關順順當當,但絕非慣性前進。

1月5日到現在,從宣佈通關到展開通關,十幾天來發生不少事,都可以映照香港的新局面、兩地合作的新氣象:注重政策公平,保持兩地對等,不搞偏向和特殊;主動因時制宜,關注通關效能,沒有死板和僵硬;體現人文關懷,服從便利原則,一起把好事辦好。堅持所應堅持的,改進所應改進的,兩地無間溝通、親密合作、高效務實,這正是兩地本次通關盡得人心的原因。

四

特區政府務實有為,內地政府有求必應,兩地政府有商有量,以往兩地通關存在的問題也因此提前消解。

幾個事實:

1. 通關後,香港並沒有出現所謂內地人來搶購藥品、搶注疫苗的現象;相反,香港很多專做內地人生意的藥店、商家竟有些失望;

2. 通關後,香港疫情沒有因內地疫情暴發受影響;相反,自通關後,香港每日確診病例持續大幅下降;

3. 通關後,香港人到內地沒有遇到什麼看病生活的問題;相反,他們一副歡天喜地的模樣,傳遞到香港的都是溫情故事,市民看到的都是他們吃喝玩樂的解放狀態。

　　沒有出問題，就是好事辦好了；能夠再推進，就是實事在做實。決而有行、議而有決，港府在推進通關事宜上展現了新作風，兩地在解決通關問題上走出了新節奏。香港的今天怎麼樣、兩地的明天會怎樣，都在給人信心。

五

　　通關是個起點，兩地合作可以更進步。

　　今天的香港，真的不再是那個施政處處受阻擾、管治處處有問題的香港了。香港社會對於內地人，也多了尊重和理解。本地的朋友們都說，現在大街上說普通話的多了起來。在〈一法，一城，一時代〉一文中，筆者還提到 “香港民意研究所” 的民調資料，香港人對國家的身份認同有了顯著提升。

　　香港由亂到治，帶來了香港的社會政治大局穩定，讓社會不再陷入迷思和妄想，也會加快香港融入國家發展大局的進程。以前，太慢了。有些做法，太傷內地同胞的心。如今，特區政府有了主導力，可以把失去的時間追回來，通過推動改革、發展經濟、建設人心，使香港真正具備中國這個特別行政區一切應有的特點。

六

　　達沃斯論壇召開，在全球大變局和不確定性增加的情形下，論壇聚焦抗風險能力。

　　日前，香港中聯辦主任鄭雁雄在新春致辭中說：“與祖國同行，把香港的未來放到中華民族偉大復興的大局中去謀劃推進，香港‘興’的空間就無限廣闊，就始終擁有戰勝風浪挑戰的信心和底氣。"

通關所能給帶香港的，就是一種抗風險能力和"韌性"，就是這種"信心和底氣"。

"背靠祖國，聯通世界"，香港這一最大優勢，含義有三：

1. 背靠在前，聯通在後；

2. 背靠為本，聯通為用；

3. 背靠有根，聯通無限。

希望自兩地恢復通關始，香港會邁出新的一大步，以更潤滑的兩地合作，爭取屬於自己的歷史的和世界的機緣。

一法，一城，一時代

2023.01.14

一

　　“香港民意研究所”，一個曾經以所謂“民意”為反中亂港勢力開道的民調機構，1 月 10 發佈了“香港市民身份認同感”最新調查結果。

　　調查結果顯示，自稱“香港人”的受訪者比率大跌 7 個百分點，認為是“中國人”的比率再創新高，而認為是“中國的香港人”的比率更創下 1997 年有記錄以來最高。

　　在新聞公報中，該研究所承認：

　　“中華民族一份子”的重要性和認同指數創 2016 年以來新高，認同感則創 2012 年以來新高。“中國人”的所有指標均創 2012 年以來新高，而“中華人民共和國國民”的重要性和認同指數創 2012 年以來新高，認同感則創 2009 年以來新高。

　　事實由立場一貫相異者道出，無需多言，這就是香港國安法自 2020 年 6 月 30 日施行兩年半以來香港的樣子。

　　大破大立，量變質變。

　　香港國安法所觸發的香港的鏈式反應，從事到人，從制度到生態，從形勢、情勢到趨勢，都在持續發生且不可逆轉，正還原、改造、重塑著這個中國特別行政區的一切。

二

誕生在香港的非常時期，作用於香港的特殊環境，致力於保障"一國兩制"實踐行穩致遠，香港國安法從發佈之日便廣受各方關注。

統籌國家治理體系與特區管治模式，統籌大陸法與普通法，統籌國家根本利益、香港整體利益和市民具體利益，統籌政治底線、社會倫理、法治規矩，統籌兩種不同的政治體制、法律體系和文化範式，香港國安法承載也多，人們期望也高。

施行兩年半多，沒人否定香港國安法在推動香港止暴制亂、由亂到治上的關鍵性作用，但人們仍對其在香港深度紮根，對保持香港的獨特性，對其確保香港穩定又確保香港繁榮、在推動香港由治及興上的角色和功能，懷有深切的思考。

實踐兩年半多，當人們注意力再次聚集香港國安法時，關於香港好不好、香港國安法好不好，以及香港和香港國安法如何更好的話題又被提出。

三

1月13日，"保證香港國安法準確實施"專題研討會在北京、香港、澳門三個會場同時召開。專題研討會上，夏寶龍主任發表致辭。

夏主任的致辭，講了三個方面：

1. 講成效，香港國安法帶給香港的蝶變；

2. 講初衷，香港國安法的立法要旨和原意；

3. 講期望，香港國安法何以全面準確實施。

概括其觀點，或有以下 5 條：

1. 香港國安法保障了國家安全，達到了既定目的；
2. 香港國安法取得了實踐進展，推動了香港發展；
3. 香港國安法構建了機制體系，構築了法治生態；
4. 香港國安法明確了權責體系，開拓了作為空間；
5. 香港國安法匹配了管治系統，嵌套了特區運作。

已經取得了成績，正在發揮著作用，還有進取的空間。夏主任的講話傳遞出一種堅定的信心，給出了一個明確的信號，指出了一條清晰的路線。

用一句話概括：制定實施國安法，戡亂是為了治興，鬥爭是為了守護，穩定是為了發展，而出手最終是為了放手。

四

在夏主任講話中，有很多論述更為深刻和開闊，直指一些認識模糊和重視不夠的問題。

1. 特區國安委到底是什麼機構？

在講話中，夏主任是這麼表述的："中央在特區設立維護國家安全委員會，特區政府設立專門的國安部門。"很明顯，正如香港國安法具凌駕地位，特區國安委並非普通的特區機構，而是中央所設立的特區機構。也因此，決定了特區國安委特殊且超然的地位。

2. 維護特區國家安全的責任到底歸誰？

按基本法規定，國家安全屬中央事務，不在香港高度自治範疇之內。香港國安法按照憲法和基本法、全國人大有關決定制定，自然要秉持這一精神和原則。

但香港國安法考慮 "一國兩制" 方針，考慮香港的特殊性，又設計了不同於國家安全一般設定的執行機制。在講話中，夏主任強調："中央通過香港國安法授權香港特區承擔維護國家安全的主要責任，中央負責處理特區層面難以解決的問題，承擔最後兜底責任，創造性地在香港國安法中規定了中央和特別行政區'雙執行機制'。"在後面的講話中，夏主任進一步重申此問題，用了兩個字給出了這種邏輯關係和授權關係，即"中央依法主導"和"特區依法主責"。

3. 香港國安法的凌駕地位如何體現？

香港國安法同基本法一樣，屬全國性法律。在講話中，夏主任澄清："全國人大常委會在制定香港國安法時，就賦予了其凌駕地位和優先適用的法律效力。根據香港國安法，當特區本地法律規定與其不一致時，應當優先適用香港國安法，特區應主動修改、完善本地法律，使本地法律與香港國安法實現有機統一。"

從夏主任講話看，香港國安法的凌駕地位，至少包括以下 3 點內容：

——香港國安法同特區相關法律比，具超然地位；

——特區相關司法實踐，要配套香港國安法進行；

——特區法律制度，要根據香港國安法查缺補漏。

五

因為香港國安法屬大陸法，而香港實行普通法系，一些人會擔心香港國安法會衝擊香港的普通法制度。

夏主任在講話中說，特區國安委與特區其他職能機構共同構成了特區層面的維護國家安全體系。從法律制度來講，香港國安法和香港有關普通法正是一個安全體系。

講話所透露的一個核心理念就是：維護國家安全，管用是第一位的，協同是最基本的，大陸法與普通法有機結合、各展所長，共同致力於香港安全法的落實，方為長遠長效之道。從哪裏來，到哪裏去，這就是制定香港國安法的初心，也是香港國安法實踐必須始終秉持的初心。

六

一個可喜的現象是，通過一段時間的實踐，香港社會對香港國安法的理解在加深，對香港國安法規定的各方責任開始認領，在推動香港國安法在特區落地生根上有了系統性的思辨和努力。

專題研討會上，還有一個細節值得點讚：從開始到結束，240多分鐘裏，特區行政、立法、司法各方主要責任人從頭聽到尾，專心致志，不停地做記錄。中央有指示，特區有覺悟，為了香港國安法全面準確貫徹實施，大家都在努力。

一法，一城，一時代。

香港國安法頒佈施行後，反中亂港勢力消遁，“愛國者治港”局面形成。正如香港民意研究所揭示的資料，這部法律所帶來的，不僅是止暴制亂，還有社會生態的改良、人心的回歸。夏主任在講話中有一句意味深長的話：“有心，才會有力，才會變成自覺。”自覺了，香港國安法就會呈現出其使香港“失之則難存，受益而不覺”的最為理想的狀態。它矗立在香港，不斷開啟著香港的新時代，也會成為香港繁榮新篇章的象徵。

香港年終記："再回歸"

一

四年間，香港由亂到治。

2019 年，止暴制亂；2020 年、2021 年，撥亂反正；2022 年，走向由治及興。

制定實施香港國安法、完善落實新選舉制度後，社會秩序穩定，政治秩序重塑，法律秩序嚴肅，發展秩序重啟，"一國"原則和"愛國者治港"原則如鐵樁打下，根植香港政治體制和社會運行機制，成為定律，化為氣象，並成為一種倫理準則、價值尺規，影響各方面，規範各領域，約束各派別。

"經歷風雨後，香港浴火重生。"國家主席習近平今年 6 月 30 日赴港參加回歸二十五週年紀念活動，他的這一句話，講出了香港已然發生的大破大立。

二

香港回歸，是中國的歷史任務；"再回歸"，是香港的時代課題。

1997 年已經回歸祖國的香港，並不是必然地已經完成了回歸祖國的任務。回歸，是恢復行使主權，更是軍事政治歸為一體、經濟社會深度融合，還是身份認同、人心回歸、國家意志和民族力量的全面凝聚。

"回歸"，可以有三個層面的含義：1. 土地的回歸；2. 制度的回歸；3. 人心的回歸。1997 年的回歸，甚至 1997 年以後很長的一段時間內，香港回歸祖國的現實表現都停留在第一個層面，或回歸的"第一形態"，即回歸是不完全的、不徹底的、不足以讓人放心和滿意的。2022 年所以不尋常，就在於它在法律上"五十年不變"的中期，完成了香港制度機制上的回歸。自此，"一國"原則夯實了基礎，國家安全築牢了底線，"愛國者治港"具有了制度上的剛性和實踐上的系統性。

可以說，1997 年香港回歸；2022 年，香港"再回歸"。

三

政治問題得解決。

香港特別行政區舉行第六任行政長官選舉，李家超以 99.16% 的超高得票率當選。以超穩定形態完成，第六任行政長官選舉見證了管治香港三個方面的重大轉型：

1. 拿回了民主發展的主導權、主動權；

2. 建立了"愛國者治港"的生態體系；

3. 重構了香港特區的政治參與格局。

香港的政治問題得到解決，就在於在管治香港這個重大問題上，"愛國者治港"的制度體系、運行機制、實踐基礎等，在 2022 年基本定型並通過了實踐的校驗。

四

社會生態得改造。

"香港過去的主要問題是政治問題",政治問題解決了,社會生態必然改變。人們看到,國安教育在校園鋪開,輿論格局在整體淨化,曾經一年有上萬次各種大大小小社會運動的"示威之都"理性了下來。管治上積極,行動上有力,香港社會原有的"生態病"逐一得到破解。那些根深蒂固的教育、媒體、社會亂象問題,已经有了解決的主心骨和方法論。

12月30日,《明報》專欄作者曾志豪宣佈在該報停筆,香港媒體尚有的"陰陽怪氣"也在逐步退出歷史的舞台。

"泛政治化",在香港正成為一個歷史概念、一種歷史現象。

五

發展路線得修正。

定分止爭,帶來了注意力的集中,明確了新的時代課題,也帶來了2022年香港發展路線的整體修正。

2022年10月19日,香港特首李家超發表任內首份《施政報告》。靖海侯曾经分析:"這份施政報告最大的特點和亮點,在於其在擺脫香港傳統管治路徑依賴上的努力",其所傳遞的理念就是志在"解決問題、建立願景,傳遞意志、修正路線"。

1. 行政真正主導,更有為;

2. 發展真正聚焦,更得力;

3. 民生真正重視,更有效;

4. 和諧真正達成,更穩固。

　　超越"泛政治化"，錨定發展經濟的中心，香港修正發展路線後，曾經的"議而不決、決而不行"成為過去，曾經的"進退失據、步履維艱"成為過去，曾經發展中的失序、失焦、失能問題都在解決的過程中了。

　　發展路線，就是要告訴人們該幹什麼、不該幹什麼，怎麼才能幹、怎麼幹不了，要在何處發力、在哪裏收穫。這些，現在，香港社會已經明了。

六

　　恢復秩序，走上正軌，新的政治社會格局確立，"一國"原則全面落地了，維護"兩制"的呼聲漸高。如何守護好"兩制"，現在也有了答案。

　　沒有"一國"，不是"一國兩制"；沒有"兩制"，也不是"一國兩制"。"一國"和"兩制"有先有後，或根或枝，但哪個都不可或缺，都是"一國兩制"的內核元素，都同樣需要珍視。

　　過去，"一國"被弱化和漠視，"一國兩制"有變形走樣的問題；現在，香港由亂到治，一系列保障"一國"原則的重大管治舉措落地，若因此輕視"兩制"，同樣也會變形走樣。

　　貫徹"一國"原則，不會壓制"兩制"；宣揚"兩制"，不會淡化"一國"原則。

　　對於國家主席習近平視察香港時發表的重要講話，香港社會最有共鳴的兩點，一是國家領導人對"一國兩制"沒有任何理由改變、必須長期保持的宣示，第二個就是對"必須保持香港的獨特地位和優勢"的表態。

　　一體構成、一體運作，相互增益、相互托舉，彼此配套、彼此協同，本固枝榮，枝繁葉茂，才是“一國兩制”的優勢、香港的優勢，“一國兩制”也才會為國家和香港帶來同樣的福氣和福祉。

2022 年的香港以及近四年的撥亂反正，就是校準“一國兩制”的準心後，讓這一理念再回歸。

七

政治局面的確立、社會生態的改良、發展路線的修正、管治理念的明確，讓 2022 年香港刷新了回歸二十餘年的局面，劃出了一個“舊香港”和一個“新香港”的分水嶺。

管治成就有目共睹。然而，我們仍然要求真務實。香港社會的主要問題得到解決，不代表所有的問題由此迎刃而解。相反，它還會凸顯一些老問題，滋生一些新問題，讓一些問題變得更複雜、更敏感起來。

“由亂到治”，是一種政治上、社會上的新局面，是穩定、有序和可控；而“由治及興”，是政治清明、經濟繁榮、社會昌盛、人民幸福，可以感知可以呈現的人心凝聚、精神富足的時代場景。要實現“由治及興”，最關鍵的就是“興人心”。

即便現在也不能否認，香港的“人心回歸工程”尚未完工，任務仍然很重。“弘揚以愛國愛港為核心、同‘一國兩制’方針相適應的主流價值觀”——國家主席提出的這一要求，還有很長的一段路要走。

所謂“人心回歸”，不單指是對國家和民族的認同，不單繫於憲法、基本法和國家安全的宣傳教育引導。實現它的法門，可能就是政府為老百姓多辦了幾件實事、資本和勞動的利益更多一些平衡，可能就是身邊的官員可敬、街上的路人可親、媒體上的新聞可信，可能就是青年找到了理想的工作、社會接納了更生的囚犯、政見不同的人坐在了一起。

2022 年，香港開始打開這扇通往 "由治及興" 的門。她將走到哪裏，人們正拭目以待。

香港沒有"卓慧思"

2022.10.30

一

2019 年 9 月 26 日，香港伊利沙伯體育館。修例風波愈演愈烈，時任特首林鄭月娥組織發起"社區對話"（Reconnect），試圖通過與市民的直接溝通，化解香港回歸後最大的政治社會危機。

對話會於當晚 7 點開始。下午兩時左右，伊利沙伯體育館附近即充滿緊張氣息，大批黑衣人開始聚集，人行道上的地磚被撬了起來，反中亂港社團已經在場外發起非法示威活動。

晚上 9 點 28 分，持續兩個半小時的對話會結束。因非法示威人群堵住了道路出口，林鄭月娥及隨行官員被迫滯留體育館內。此時，體育館外，有人喊"港獨"口號，有人唱"港獨"歌曲，有人破壞著周邊道路的護欄和交通設施。

四個小時又過去了。直到凌晨 1 點 28 分，林鄭月娥才在警隊保護下離開了伊利沙伯體育館。

二

對話沒有消解對抗，妥協沒有帶來和諧。

修例風波繼續惡化發展。2019 年的國慶日，黑暴勢力暴露出其最兇狠的一面，打砸搶燒，香港處處癱瘓。彼時身在香港的人感同身受，那是特區成立以來最黑暗的三天。

就在黑暴最猖獗時，十九屆四中全會於當年 10 月 28 日至 31 日在北京召開。十九屆四中全會公報指出："必須嚴格依照憲法和基本法對香港特別行政區、澳門特別行政區實行管治，維護香港、澳門長期繁榮穩定。建立健全特別行政區維護國家安全的法律制度和執行機制。"

七個月後，2020 年 5 月 28 日，第十三屆全國人民代表大會第三次會議通過《全國人民代表大會關於建立健全香港特別行政區維護國家安全的法律制度和執行機制的決定》。

又一個月後，十三屆全國人大常委會第二十次會議表決通過《中華人民共和國香港特別行政區維護國家安全法》。

自此，黑暴遁形，"攬炒"隱跡，反中亂港勢力逃散潰敗，香港安定了下來。

2022 年 10 月 16 日，總書記習近平在二十大開幕會上作報告，他說：

"面對香港局勢動盪變化，我們依照憲法和基本法有效實施對特別行政區的全面管治權，制定實施香港特別行政區維護國家安全法，落實"愛國者治港"原則，香港局勢實現由亂到治的重大轉折……"

兩天後，香港特首李家超發表任內首份《施政報告》，致力為香港開新篇，實現香港的由治及興。

三

從難以進行一場對話到從容聚焦發展建設，三年時間內，香港形勢大破大立，局面大合大開。

那個風波不止、波詭雲譎的香港，已經成為過去。

——修例風波不會重現；

——"愛國者治港"落地；

——行政主導名副其實；

——社會生態整體改良。

香港——這本"難懂的書"，至此終於不再難懂了。

自上任後，特首李家超的每次公開演講，幾乎都提及國家領袖的講話精神；自二十大閉幕後，香港社會無日不有組織學習二十大會議精神的活動；自 2020 年到現在，香港已經重新塑造世人對她的印象和認知，各方都已從困局中解放。

行政少了羈絆和掣肘，立法少了亂象和撕裂，司法保持獨立並更多地從香港的整體利益和根本利益出發，對它的爭議少了很多。而市民已經形成了一個共有的預期——香港"換了人間"，並因此不會再被輕易煽惑，再被裹挾推入險境。

當潛逃海外的羅冠聰嗟歎香港的舊時代已經不在了，所佐證的，就是香港的蛻變。

這種蛻變，讓愛國愛港者激昂，讓反中亂港者絕望，昭示了歷史的演進、時代的躍遷，映照出香港今天最大的現實。

四

時代轉換中，社會深刻調整，需要人們更理性的認知、更主動的適應。

習慣了噪音 120 分貝的政治環境，有人會覺得現在太清靜，將噪音等同於多元；習慣了一年三百六十五天的政治鬥爭，有人會覺得現在太和諧，將對抗等同於包容；習慣了各種藍的黃的黑的四分五裂的政治光譜，有人會覺得現在太單調，將亂象等同於自由。迷思在風雨飄搖的不確定性之中，迷茫在海清河晏的確定性之下，香港社會還殘存著社會文化的怪現象，一些市民在內部外部的反中亂港勢力撩撥下，還無法得到安寧。

有人說，這是一種社會轉型期中的"陣痛"。實則，這是傷疤癒合過程中的一種刺癢，是社會復合的跡象。而契合新形勢實現個人的自洽，才是社會融洽且可持續存在的基礎。

五

"卓慧思"，即"特拉斯"，前英國首相，香港本地譯名。

任職四十五天，保鮮期不及"生菜"，這位英國史上任期最短的首相也可以啟示香港。

世界正處百年未有之大變局，不確定性此起彼伏、源源不斷，確定性恰是這個時代最稀缺的東西。

因為不能駕馭不確定性，在不確定性面前橫衝直撞，不能給英國國民及其所在政黨提供確定性，卓慧思高調上任、黯然下台，只有四十五天的任期一塌糊塗。

而香港目前所擁有的，卻是回歸二十五年以來最大的確定性，擁有這個百年變局中最可貴的資本。

——確定性的政治格局，一張藍圖可以幹到底，政府施政不再步履維艱；

——確定性的社會環境，各方不必陷入政治泥沼，聚焦經濟民生成為可能；

——確定性的發展定位，普通法和資本主義制度不變，香港獨特地位和優勢被珍重；

——確定性的未來前景，中央明確長期堅持"一國兩制"，那個困擾香港幾十年的"2047之問"得到了最清晰明確的答案。

從"泛政治化"回歸經濟，從總是不平靜回歸安定，從學生不好好讀書、議員不好好建言、商人不好好經商，到校園有平靜書桌、立法會有良性互動、商業就是商業，由亂到治為香港提供的確定性正讓大家各歸其位，都有了在不被侵擾的環境中各自築夢逐夢的環境條件。

不確定性與確定性，哪個對香港更有利，哪個對香港市民更有利，不言自明。

六

確定性的香港，是現實，更有保障。

二十大勝利召開，統籌發展與安全，堅定不移走中國式現代化道路，堅定不移貫徹"一國兩制"方針，香港最大的依靠——祖國也正處確定性之中。

國家有確定性，香港才有確定性。

回想過去，如果中央不出手，採取一系列標本兼治的管治舉措，修例風波將向何處發展？香港政權機構內將是怎樣的混亂局面？香港有誰能集中精力為民生謀福祉，有能力解決市民的所思所盼？暢想未來，如果沒有中央全力支持和國家重大戰略依託，在經濟全球化遭遇重大挑戰、西方國家圍堵中國以及香港的嚴峻環境下，香港還怎麼走出去？何以破解發展瓶頸，繼續維持其國際金融、航運、商貿中心的地位？拿什麼建設國際創科中心？

香港只能依靠國家——通過依靠並服務國家的確定性，鞏固和贏得自身的確定性。這，才是香港最根本的生存發展之道。

撕掉"政治中立"的面具

———————— 2022.10.28 ————————

一

　　特區政府內，官員大體分兩種：1. 政治委任官員；2. 公務員。其類似中國古代"官"與"吏"的區別：一個負責決策，一個負責執行；一個肩負政治上的使命任務，一個履行讓政策落實落地的責任。

　　不同於內地所有的公務員既是官也是吏，具雙重角色，都定位為"人民的公僕"，香港因為政治委任制，"官"從公務員隊伍中被分離出來，對決策承擔無限責任，有鮮明的政治色彩。而公務員則躲在了"官"的後面，沒有政治面孔，不用選擇政治站位，甚至不需要就政治乃至政策進行表態。這就是香港公務員要保持的"政治中立"。

　　香港《公務員守則》規定：公務員必須恪守"政治中立"的基本信念。寫入了法規，形成了紀律，塑造了共識，"政治中立"反而成為"政治正確"，成為香港公務員的"緊箍咒"了。

二

　　香港要求公務員保持"政治中立"，有著良好的初衷。

《公務員守則》中，"政治中立" 被如此界定："不論本身的政治信念為何，公務員必須對在任的行政長官及政府完全忠誠，並須竭盡所能地履行職務。" 也就是說，"政治中立" 本來要求的是，公務員在履職過程中，要摒棄一切政治立場和政治觀念，完全聽令政府決定，全力執行政府決策。然而，理想豐滿，現實骨感。

亞里士多德說："人是政治的動物。" 孫中山說："政治就是眾人之事。" 置身政府完全脫離政治，在政治體制內與政治絕緣，無異於癡人說夢。前幾年，香港風雨飄搖，多少公務員參加非法集會、參與暴亂活動，政府內部的政治問題有多普遍、有多嚴重，看看當時新聞媒體上的報導就一清二楚。

將 "政治中立" 擺在履職的前面，其負面影響可謂 "一籮筐"：

1. 不具政治思維，難以理解並認同政府的決策；

2. 缺乏政治能力，難以肩負並達成重要的使命；

3. 疏忽政治風險，難以研判並化解潛在的危機。

更重要的是，因為要保持政治中立，公務員對特區的宏觀議題和國家的重大議題缺乏關心、無法上心，總有一種事不關己的感覺，而一旦被要求站穩立場，就會莫名反感、以為侵犯。長久以來形成的所謂 "政治中立" 的守則，其實早已不是什麼紀律和義務，而是成為了公務員一項固有的 "自由的權利"，可以因此置身事外，可以藉此明哲保身，可以不問政治、冷眼旁觀的 "護身符"。事實是，哪有什麼 "政治中立"，特區政府內那些曾经發生的反中亂港行為已然說明，在 "政治中立" 這張虛偽的面具下，只有兩面人和他們的暗度陳倉。

三

歷史和現實已經給出答案。

不打掉“政治中立”的偽命題，香港公務員團隊就不可能真正組織起來。

不打掉“政治中立”的偽命題，香港的政治委任官員和公務員就不可能真正形成命運和利益的共同體，彼此間的鴻溝和梗阻就難以彌合。

不打掉“政治中立”的偽命題，香港特區政府的集體意志和整體合力就難以進一步強化，提高治理能力和管治水平就難以有效落地。

不打掉“政治中立”的偽命題，香港公職人員隊伍對中央履行全面管治權就不可能真正擁護，對國家政治經濟社會重大事務就不可能真正關心。

解決此問題，有必要性和緊迫性。香港特首和特區政府也已經深刻意識到這一點，並開始行動。

四

2022 年 10 月 19 日，李家超發表任內首份施政報告。施政報告提出，更新《公務員守則》，闡明現今公務員應有的基本信念和操守準則。公務員要盡忠職守，以民為本，注重團隊精神，敢於擔當，具備維護國家主權、安全和發展利益的意識，履行“愛國者治港”原則。

近日，特區政府公務員事務局局長楊何蓓茵具體指出，希望明年上半年可以發出更新版的《公務員守則》，以往用的“政治中立”

字眼，將不會再用，具體用詞目前未定。

"政治中立"，這個影響特區政府管治團隊一致性、向心力和組織效能的設定，終於要被剔除。不要"政治中立"，要"愛國者治港"；不要扭扭捏捏，要坦坦蕩蕩；不要置身事外，要投身其中；不要內部斷層，要上下連結。《公務員守則》修改後，政治委任官員和公務員有了成為一體的可能，行政長官和各司局長將不會再淪為"孤家寡人"。

五

"政治中立"的反義詞，不是"政治不中立"。

目前特區政府還沒想好其替代詞，但遵循"愛國者治港"的根本原則、服務於香港由治及興的需要、貢獻為特區政府治理能力和管治水平的提升，以後對公務員的政治要求可以更旗幟鮮明些：

1. 公務員必須接受政治現實，擁護香港的憲制秩序；
2. 公務員必須保持政治清醒，站穩愛國者治港立場；
3. 公務員必須錘煉政治能力，確保政策執行不走樣；
4. 公務員必須提升政治覺悟，主動捍衛國家的利益。

六

要打破"政治中立"的迷思，優化公務員管理制度和公務員文化，首先要破除香港社會對"政治"的偏見。政治無處不在、無時不有，"泛政治化"不好，但香港不是不需要政治，而是需要"良政善治"，需要好的政治。

公務員在特區政府內，不可能不涉政治，執行的都是與政治有關的政策，恰恰離政治最近。對公務員提政治要求，沒有必要遮遮掩掩，沒有必要虛與委蛇。

政治觀念，代表著大局觀，意味著政策更普遍、更深沉、更根本的意義。政策實則就是政治的外化，政治所供給的產品和服務，本質上是服務於政治需要的。香港社會需要認識到：講政治，不丟人。選擇了公務員這份職業，便意味著選擇了與政治為伍，就該揹負政治責任，具備政治擔當，拿出政治作為。

這也是香港公務員要面對的政治現實。

維護國家安全：香港的進行時

2022.08.15

一

香港國安法實施以來，功效卓著：

1. 反中亂港分子或伏法或潛逃，公然挑戰國家安全者基本絕跡；2. 反中亂港組織或解散或休眠，整體上呈現土崩瓦解的潰敗狀態；3. 國家安全底線已確立漸穩固，社會各界認知清晰且高度警覺；4. 特區政權機關維護有力得法，行政立法及司法形成體制合力。

懲防並重、標本兼治，香港國安法落地生根，特區維護國家安全主動積極，概而言之：中央這一履行全面管治權的重要舉措，不僅在推動香港由亂到治上發揮了決定性、關鍵性作用，還為香港走向由治及興提供了基礎性、長效性支撐。

可以說，正是因為有了香港國安法：1. 非法"佔中"及修例風波類似事件不可能復發；2. 特區憲制秩序和政治秩序得到了再確立、再夯實；3. 社會有效走出政治泥沼並使聚焦發展成為可能；4. 香港的人心回歸及融入國際發展大局開始提速。

被動的局面在轉變，主動的態勢在呈現；消極的的因素在減少，積極的力量在增加。由點到面，由表及裏，由現在到未來，一種維護國家安全及守護繁榮穩定的大生態正在香港形成，得到系統性構建。

這是香港由亂到治的確定性，正是 730 萬香港同胞之福。

二

維護國家安全，非朝夕之事。態勢向好，也面對發展中不斷出現的問題。香港在國家安全上可能面臨的風險，也有新情況新特點：

1. 有組織的暴力暴動沒有了，本土恐怖主義的苗頭性危險還在；

2. 有組織的建制內對抗沒有了，反中亂港政團社團喬裝打扮、伺機而動的可能還在；

3. 挑戰國家安全行為虛擬化、網絡化、隱蔽化；

4. 在政權機關內部進行危害國家安全的行為；

5. 海外反中亂港行為向港內的"倒灌"和"轉運"問題。

從街頭暴動到"獨狼"襲擊，從建制內對抗到建制內潛伏，從線下挑釁到線上煽惑，從利用自有平台到轉移發展陣地，從本地同流合污到與海外相關勢力沆瀣一氣"移花接木"，香港社會潛在的危害國家安全的問題沒有徹底消失，維護國家安全的努力必須一直處在枕戈待旦狀態。

維護國家安全沒有完成時只有進行時，任何的放鬆懈怠心理都會帶來問題，且都會成為問題的本身。可以說，香港在維護國家安全上：

1. 基礎夯實，但系統性要求更高，工作更繁重了；

2. 形勢向好，但複雜性程度更高，工作更困難了；

3. 力量增強，但專業性標準更高，工作更嚴謹了。

這一受香港社會各界及國際社會高度關注的工作，正以嚴格的執法力度、精準的執法行動、廣泛的教育佈局、深入的宣傳效果，及對社會大眾負責任的定位、全方面的保護、有限度的影響，踐行著其使命職責，統籌著國家的根本利益和香港的整體利益。

三

基礎還需打牢，工作還在深入。

中央履行全面管治權，全國人大制定香港國安法，直接原因就在於香港特區未及時落實基本法賦予的憲制責任和立法任務，按二十三條規定制定本地維護國家安全的法律。

二十三條立法與《刑事罪行條例》等香港本地的其他相關法律配套起來，也是特區維護國家安全法律制度和執行機制的組成部分，可以與香港國安法一體運行，並可以在香港國安法的基礎上，為香港特區維護國家安全提供更具系統性、具體化的支撐，從而全面堵上香港社會可能發生的危害國家安全行為。而這部需要特區政府制定出台的法律，更將進一步強化香港社會各方對國家安全的認識，使其思想上更自覺、行為上更規範，也使其更為清楚地把握國家安全的底線和邊界，更為從容地進行工作、學習、生活。這一工作，需要盡快推進。

概括而言，維護國家安全，香港在路上，正前進。"受益而不覺，失之則難存"，是特區做好國家安全工作的目標，也將是它在社會上呈現的理想狀態。

香港不需要"忠誠的反對派"

2022.07.22

一

香港國安法撥亂反正，新選舉制度正本清源。懲教並重、標本兼治下，香港憲制秩序得維護、更鞏固，社會大局穩了下來。

由亂到治，香港原有的政治泥沼基本被清除。因此帶來的，便是政治參與局面的重塑確立。

香港新的管治團隊中，激進本土派不見了，傳統民主派也不見了，只有一個聲稱"非建制派"的選委會委員兼立法會議員狄志遠，代表著香港的所謂"政治一元"。

在政治參與之外，激進本土派因反動而不能，傳統民主派因反對而不願，兩個方面的"政治退出"，有著相關卻不盡一致的原因。但本質上，都是因為他們不認可香港的憲制秩序和行政主導體制，選擇對抗對立的結果。

然而，對香港新的政治參與格局，有人總覺得少了點什麼，總是作慣性思考。他們認為：

1. 香港政治體制可以相容反對派；

2. 缺少反對派的民主實踐不完美。

仍有不少人覺得，反對派必須作為"愛國者治港"的結構性存在。否則，"愛國者治港"就擺脫不了"清一色"的質疑。於是有人說，這些反對派可以轉型為"忠誠的反對派"。

二

問題是，香港一定需要"反對派"嗎？

傳統反對派的性質，其實沒有什麼好分析的。傳統反對派想要的或許是"一國兩制"，但卻是不顧及"一國"的"兩制"，是中央不履行全面管治權的"兩制"，是行政弱勢為立法霸凌的"兩制"，是他們完全可以左右的"兩制"。這樣的"兩制"，不過是為"自決"套上的一層合法的皮。哪裏想要什麼"一國兩制"？他們想要的不過還是香港的完全自治罷了。

所以，這樣的反對派不可靠、不可信，在新選舉制度下，斷不可能躋身建制體系和管治團隊。所以，在香港國安法和新選舉制度出台後，中央涉港機構負責人亦公開呼籲，希望他們作"必要的調整"。

吃政治飯的，沒有了政治舞台，就沒有了立身之本。傳統反對派能堅持一時，卻必然面臨"沒有餘糧"的危機。他們存幻想、有掙扎、作扭扭捏捏的調整，正在預料之中。於是，市民看到：最大傳統反對派"民主黨"，在今後參加選舉上鬆了口，表示可以考慮；開始搞起了新的籌款活動，有意展開新的政治行動。"民主黨"表現出來的求生慾恰恰說明，不是新選制一定需要"民主黨"，而是"民主黨"更需要擁抱新選制。

正因為如此，人們可以得出 3 個基本判斷：

1. 香港"民主黨"必然不會解散；
2. 香港"民主黨"必然有所調整；
2. 香港"民主黨"必然還將參選。

　　於是，又有 2 個問題浮現出來：

　　1. 香港"民主黨"會變成"忠誠的反對派"嗎？

　　2. 香港需要類似政團成為"忠誠的反對派"嗎？

　　而這，就要先辨明什麼是"忠誠的反對派"。

三

　　忠誠的反對派，按維基百科說法，源自 1826 年約翰·霍布豪斯在英國議會的一次辯論中使用的"陛下的忠誠反對派"（His Majesty's Loyal Opposition）一詞。其目的在於說明，國家立法機構中的議員可能會反對現任政府的政策，同時保持對國家更高權威和民主運作的更大框架的尊重。因此，這一概念允許對一個正常運作的民主制度提出必要的異議，而不必擔心被指控犯有叛國罪。意思很明了。忠誠的反對派從一誕生，即有以下三重含義：

　　1. 此定位，有出於自我保護的目的，怕被控叛國；

　　2. 此定位，在於突顯反對者的身份，要堅持異議；

　　3. 此定位，試圖宣揚更宏大的立場，只效忠陛下。

　　而且，"忠誠的反對派"的自我定位，還包含一層隱藏的含義：賦予作為少數派、在野黨的自己，一種可以與執政當局對等的角色地位，理直氣壯地撇清關係、發起挑戰、演化矛盾。"忠誠的反對派"的最終目的，不在於獲取這種定位本身，而在於保護自己反對的權利，並在反對挑戰成功後換取執政黨的角色。忠誠的反對派將所謂"忠誠"放在前面，本質上還是因為心虛，忠誠的不過還是自己的政黨利益而已。這只是一個方面。

　　另一方面，"忠誠的反對派"一說，演化自西方民主體制下。而香港，從各個方面都難以承載這一命題：

1. 按香港條例第 569 章《行政長官選舉條例》，香港特首不能具政黨背景。故此，香港壓根就不存在什麼執政黨和在野黨，不管是建制派還是反對派，所有政團的地位和角色本質上都是一樣的。

2. 香港是中國的一個地方自治區域，其政治體制授權搭建，所有參與建制體系的，都要宣誓效忠特區和香港基本法，從參政議政基準上講，只要進入框架，不存在誰比誰更忠誠的問題。

3. 香港的政治體制和選舉制度，就是中央領導下具香港特色的民主制度；這一制度在國家主體的中國共產黨領導、社會主義制度之下產生並作為補充，體現的也是中國特色、"一國兩制" 特色，不是對西方民主制度的模仿利用，其政治術語是自成體系的。

沒有基礎，不合政情，更沒有相關配套，"忠誠的反對派" 運用於香港，就是東施效顰、無源之水，既不務實也無前途。

而且，"忠誠的反對派" 還有不少弊端，或者說會給他自己和其他人很多錯覺：

1. 一旦官方認可了這種身份，反對沒有風險；

2. 一旦自己具有了這種角色，反對就是綱領；

3. 一旦別人形成了這種認知，反對才是正確。

什麼 "忠誠的反對派"？還是為反對而反對罷了。更何況，這恰是香港反對派早已養成的行為模式。香港需要這樣的 "忠誠的反對派" 嗎？

四

香港不缺反對派。

為保證施政公平，香港選舉制度關於行政長官一般不具政黨背景的設定，已然決定了香港的所有政團都處於 "在野" 的位置，理論上都是監察特區政府施政的 "反對派"。正因為如此，在新選舉制度下，他們只要合法註冊、言行合法，都不是反對派，都可以謂之 "新型的民主實踐派"。

　　香港缺的不是反對派，而是擁護國家主體制度，善於從國家和香港根本利益、整體利益出發，有大局觀、責任心、建設性，具情懷、有品質、夠理性和專業的 "反對聲音"。這樣的聲音，只要秉持愛國愛港初心，再多都不多，再尖銳都可以聽取。

　　目前，香港進一步完善政治參與格局，不是著急解決什麼 "忠誠的反對派" 的問題，而是迫切需要加強愛國愛港政團政治建設、能力建設、作風建設的問題。防範 "忠誠但無能" 問題，比轉化 "忠誠的反對派" 的問題，更有必要也更為重要。"忠誠的反對派"，不是香港政治體制的必然構成。

香港是否殖民地，
是一個大是大非問題

———————— 2022.06.18 ————————

一

　　歷經三年努力，香港實現由亂到治的重大轉折，社會深刻嬗變，回歸初心，回歸常識，回到"一國兩制"正確軌道。可以說，香港回歸祖國以來，歷史上沒有任何一個階段像現在這樣，方向確定，道路清晰，前景明了。

二

　　香港的今天，"變"是表像，"不變"是實質。一系列標本兼治的新舉措，實則是再回到起點夯實香港發展的基礎，以必要的"變"守護根本的"不變"，確保"一國兩制"實踐不變形、不走樣。

　　釐清基本概念，塑造基本秩序，健全基本制度，把有關香港的"大是大非"問題定下來，避免無休無止的討論爭論，防範重複反覆的風險危險，香港才會不內耗、不虛耗、不空轉、不偏轉，真正"靜"下來，專注發展建設。

　　中央的重大管治舉措如此，特區政府在傳媒、教育等領域開展具體治理動作也是如此。關於修訂教科書，澄清香港歷史上並非英國殖民地一事，即遵從這一邏輯。

三

香港是否曾為英國殖民地，是一個大問題，是極其重要且嚴肅的問題。

近日，《南華早報》刊發報導，題為 *Hong Kong was not British colony as China did not recognise unequal treaties ceding city to Britain, new textbooks reveal*（新版教科書指出：香港從不是英國殖民地，中國不承認將城市割讓給英國的不平等修約）。

報導刊出後，西方媒體好像發現了什麼"大新聞"，紛紛跟進報導，甚或藉此污蔑香港特區政府扭曲歷史，再進一步藉此抹黑香港今天的局面。

表面上，西方媒體好像在"煞有介事"地討論一個史實或技術問題；實則，他們又是"故技重施"，試圖在一個"根本性問題"上混淆視聽，賦予各種反中亂港勢力合法性，再為其招魂，再為其"正名"。

四

時間回到 1960 年 12 月 14 日。聯合國大會通過 United Nations General Assembly Resolution 1514（XV），即第 1514 號決議《關於准許殖民地國家及民族獨立之宣言》（Declaration on the Granting of Independence to Colonial Countries and Peoples）。正是這份《宣言》，賦予殖民地國家和人民"自決權"，使其可以自由決定其前途，自由決定其政治地位。

問題由此出現。在當時聯合國的殖民地名單中，香港、澳門被歸類其中。果如此，香港、澳門豈不是也有"自決權"？中華人民共和國當然不能接受。

只是，當時新中國還沒有加入聯合國。直到 1971 年 10 月 25 日，第 26 屆聯合國大會以 76 票贊成、35 票反對、17 票棄權的壓倒多數通過了恢復中國在聯合國合法席位的 2758 號決議，並將台灣當局驅逐出聯合國組織，真正的中方才開始著手解決這一問題。

1972 年 3 月 8 日，僅僅過了幾個月，中方駐聯合國大使黃華就致信聯合國非殖化特別委員會，表明了中方立場。黃華在信中說：香港、澳門問題的解決完全是中國主權事務，聯合國無權討論。中方反對將香港、澳門列入《關於准許殖民地國家及民族獨立之宣言》的「殖民地名單」，要求聯合國即刻從各類文件中刪除。

中方的立場得到了聯合國的正視，得到了絕大多數國家的支持。同年，聯合國大會以 99 票贊成、5 票反對，大比數通過第 2908 號決議，將香港和澳門從聯合國的殖民地名單中剔除。這份決議，向國際社會清晰傳遞了三個意思：

1. 香港、澳門不屬於聯合國認可的「殖民地」；

2. 香港、澳門不享有《宣言》中的自決權；

3. 香港和澳門問題中國自行尋求解決。

香港特區政府推動修訂教科書，矯正不規範乃至錯誤的表達，明確「香港歷史上不是英國殖民地」，正是有源有據，合理合法。

五

這一修訂，當然至關重要。

1.「自決」正是反中亂港分子喊出的「口號」，承認香港曾為殖民地，就相當於承認其合理性；

2. 承認香港曾為殖民地，就又會引起香港社會和國際社會對香港政治命運的反覆的無謂討論；

3. 歷史是完整的歷史，不是孤立的，不能被截取，香港在聯合國認可的殖民地名單之外，正是被國際社會最終確認的史實。

從歷史角度、國際法角度、政治角度，而不單是教育角度，都需要對“香港是否曾為英國殖民地”作出一錘定音的結論。

六

更何況，在“香港是否曾為英國殖民地”上，中國立場從未改變：香港回歸祖國，就是中國對香港恢復行使主權，就是單純的“政權交接”。

1984 年 12 月 19 日，中英簽署聯合聲明，其正文指出：“為了維護國家的統一和領土完整，並考慮到香港的歷史和現實情況，中華人民共和國決定在對香港恢復行使主權時，根據中華人民共和國憲法第三十一條的規定，設立香港特別行政區。”

附件 2《關於中英聯合聯絡小組》指出：“聯合聯絡小組的職責為 ......（二）討論與一九九七年政權順利交接有關的事宜。”

在英文版本中，用的也是 “resume the exercise of sovereignty over Hong Kong”，以及 “restore” 和 “the smooth transfer of government” 等說法。“resume”“restore”，已經說明了一切；而 “the exercise of sovereignty” 中的 “sovereignty” 在此明顯指的是 “治權”。

1990 年 4 月 4 日，全國人大通過的香港基本法，更是在序言第一句就明確：“香港自古以來就是中國的領土，一八四〇年鴉片戰爭以後被英國佔領。一九八四年十二月十九日，中英兩國政府簽署了關於香港問題的聯合聲明，確認中華人民共和國政府於一九九七年七月一日恢復對香港行使主權，從而實現了長期以來中國人民收回香港的共同願望。"

香港回歸祖國，不是"主權移交"，不是"主權回歸"，而是中國對香港"恢復行使主權"。

1997 年 7 月 1 日，英國公營廣播電視機構 BBC 報導香港回歸，報導題目是 *1997: Hong Kong handed over to Chinese control*。什麼是"hand over"？劍橋英文詞典解釋："the act of giving responsibility for something to another person, or the period during which this happens"。

英方一直很清楚，香港，不是英國的領土，這是他們曾經搶來的、用一系列不平等條約"借"來的地方，而香港一直屬於中國。在認知上、心理上、預期上，他們都有此共識。

七

西方媒體"熱情"炒作香港教科書問題，正是揣著明白裝糊塗。

承認聯合國第 1514 號決議，模糊後來通過正規程序將之矯正的聯合國第 2908 號決議；不得不接受香港已經回歸中國的現實，又反覆在一個根本性問題上誤導視聽；放大正常規範教科書內容的影響，製造香港所謂自由削弱的假像。

然而，對香港特區來說，這種正本清源卻是必須進行的，是不能被干擾、再猶豫的。大是大非問題，正是因為之前理不清、說不明，所以香港社會才有教育錯亂、思想混亂、社會動亂；大是大非問題，正是因為現在有了基準、有了尺規，所以香港今天才有止暴制亂、撥亂反正、由亂到治。

確定的方向、穩定的社會、恒定的"一國兩制"方針，這些管治動作，涉及香港的"定海神針"，涉及香港的長治久安，不能再有模糊空間、曖昧地帶。

香港，走出輿論的漩渦

2022.05.19

一

時移世易，香港今天，已是另一番風景。

政治降溫。2020 年前慣常的政治紛爭減少了，社會上的政治亢奮冷卻了，關於政治建設和政權建設的話題轉向技術層面，聚焦具體呈現，再無大是大非的路線分歧，"愛國者治港"已成社會預期中的最大確定性。

社會降壓。風波不止的香港不再一波未平一波又起，修例風波前兩大陣營的對立對抗基本消失，國安法實施前後的緊繃狀態開始鬆弛，人們對香港社會發展走向的評判開始達成一致。告別敏感躁動，卸下焦慮忐忑，回歸生活生計，各界各方都在適應融入新形勢，懂得了有所為有所不為。

輿論降噪。《蘋果日報》倒閉，"立場新聞"關門，香港輿論格局得到整體重塑，社會關於言論自由和新聞自由的理解靠近現實，媒體自覺協同健全後的法律秩序和政治格局，討論的底線清楚無誤，報導的把握謹慎有餘，議題的設置迴避煽動煽惑。有序、穩健、負責，或主動或被動，香港媒體都在重新審視工作標準、重新建構發展空間，都在嘗試走出一條"與時俱進"的新路徑。

平靜下來的香港，正從輿論漩渦中脫離。

二

不會有人認為一個紛爭不止的香港符合社會整體利益。

就根本制度展開持續的爭論，所以才有認識上對香港憲制秩序的錯誤迷思；就政府施政進行無限的批評，所以讓批評特區政府成為了一種"政治正確"。輿論的狂熱必然導致輿論的失範，輿論的失範必須加劇社會的撕裂。故而，在香港原有的輿論生態下，盡是消耗而沒有消化，只有分道揚鑣而沒有相向而行，都是輸家而沒有贏家。

輿論洪水的長期肆虐，更讓香港變成了一個是非之地，對內輸出分歧的聲音，對外輸出聒噪的新聞，讓人一度想起香港就覺得頭大，或覺得"有機可乘"。實則，整肅香港的輿論環境，關係管治權威和施政效能，關乎內部向心力和外部吸引力，關切每一個普通市民的社會環境條件。

三

經歷了那麼多風風雨雨，香港更需要的是沉思而不是妄言。

自回歸以後，香港被納入國家治理體系，作為一個地方行政區域，香港生存發展的方位和方向由此錨定。"一國兩制"方針賦予香港高度自治權，也賦予香港以自身繁榮穩定、維護國家安全發展利益的責任。

遵守最基本的規則，保持最清醒的定位，以向前實踐而不是向上博弈的方式謀求發展，香港的"高度自治權"才能受信任、得支持、有更大運作的空間。也就是說，香港憲制秩序、高度自治及民主發展道路的定義權和主導權，從來就不在聒噪輿論的嘴上。試圖製造輿論，藉此綁架民意，進而要脅政府，並幻想以此約束中央履行全面管治權，恰恰讓中央認識到了強化鞏固香港基本政治規矩和政治倫理的重要性。

經歷了那麼多的磕磕絆絆，香港更需要的是協同而不是脅迫。

香港實行行政主導體制，這是香港憲制秩序的一個基本設定。行政主導通暢，特區管治效能自然有保障；行政主導不暢，特區管治混亂一定會出現。"無限批評"政府釀就的分化撕裂，是多方面的：1. 社會層面的分化撕裂，讓挑戰政府成為一種風氣；2. 政府內部的分化撕裂，讓慣性"卸膊"成為一種現象；3. 兩地之間的分化撕裂，讓懷疑衝突成為一種傾向。

走到今天，國安家好的情勢、良政善治的趨勢，都需要香港的行政主導立起來、站得住。為了各方利益，為了都能和諧共處、持續發展，輿論在面對特區政府時，是其是、非其非應當是基本態度，為挑戰而挑戰、為反對而反對都不應該再延續。

四

談及香港的形勢，人們會說香港"換了人間"，也會說香港"暗流湧動"。只是，已擁有維護國家安全和"愛國者治港"最大確定性的香港，不會再陷在輿論的漩渦中。

"小罵大幫忙"可以，但輿論不能成為煽動對抗的工具，不能再誤導年輕人；批評當然有價值，但輿論與政府亦也可以良性互動，以建議而非脅迫推動施政的改善；各種報導自由展開，但媒體不把自己視為一種政治力量，甚至作為反對派退場後的"替補"。

現在的香港，需要輿論扮演的是良政善治促成者、繁榮穩定守護者，及"一國兩制"實踐行穩致遠見證者的角色。輸入事實真相、輸出事實真相，報導人心力量、傳遞人心力量，呈現給社會的是理智而非偏執、冷靜而非暴戾，香港輿論才真正由“病態”復歸“康健”。

現在的香港，需要的是媒體的積極心態而不是消極心態、主動狀態而不是防禦狀態。輿論不能始終處於鼎沸狀態中。嘈雜太久了，謾罵太多了，批評太甚了。在香港，“no news is good news”。也只有走出輿論的漩渦，香港才能專注腳下的路，聚精會神謀發展。

香港需要一個好特首！

2022.04.13

處在世界百年未有之大變局中，今天的香港和全國一樣，尚處爬坡過坎階段，面臨一系列風險挑戰。近幾年，經歷修例風波的重大考驗，遭受疫情爆發的長期煎熬，"一國兩制"實踐穩步向前，香港不斷前行，穿越各種風吹雨打，這顆東方明珠終於挺過了最艱難的日子。

凡是過往，皆為序章。香港正重新出發，香港要重新出發。撥亂反正後的香港由亂到治，續寫繁榮穩定篇章的環境條件大幅改善。在國安法和新選制護佑下，香港找回確定性，擺脫社會撕裂，走出政治泥沼，破除發展瓶頸，市民被壓抑許久的希望可以迸發了。

當下所有的一切，都在塑造著香港的未來。法律體系已然健全，非法和盲動的暴亂無法再來，修例風波之類的事件將被封存在歷史的教訓中；政治格局二次確立，反中亂港分子被排除在政治舞台外，政權安全得到前所未有的保障；社會生態持續淨化，暴躁偏執的輿論環境降噪降溫，分化紛爭的土壤有所改良。新的法律秩序、新的政治秩序、新的社會秩序，以及被鞏固的法治精神、被矯正的政治倫理、被規範的社會觀念，都在構築香港新的發展背景，夯實其基礎，拓展其空間，真正有力地讓香港告別過去、奔赴新時代。

恰如回歸前的日日夜夜，香港的今天正是最值得憧憬的時候。

系統的嬗變在發生，改革的氛圍在凝聚，香港選擇了新方向，整個社會及每一個體或被動、或主動，也都在做出方向性的選擇。因時而變、隨事而制，此時不卸下沉重、放下迷茫還要等到幾時？此時不尋求突破、謀求突圍還要等到幾時？

時代在前進，社會有訴求，市民充滿期待。讓一個充滿乖氣、踟躕不前的香港成為過去時，重現生機活力與熱情，管治者是主心骨，是發動機，是再造一個新香港的最大牽引源。他們揹負這不可推卸的責任，更在新的政治社會環境下再沒有無所作為的理由。和諧社會、凝聚民心、發展經濟、改善民生，在政治羈絆和輿論干擾大幅減少後，今天香港的管治者聚焦所應聚焦的、擔當所應擔當的，必大有可為，必大有作為。

香港管治團隊的角色也重。"一國兩制""港人治港"、高度自治，"港人治港"即在憲制層面上明晰了特區行政長官和特區政府所承擔的主體責任。而香港"行政主導、三權分置"的政治體制，也賦予了香港管治團隊最大的自治權力、最好的制度保障。中央期盼香港管治團隊推動香港的發展，市民希望管治團隊帶來香港的改變。全面落實"愛國者治港"原則下，管治團隊一心一意謀發展，齊心協力搞建設，不會辜負中央的重託，不會再讓市民失望。

中央支持香港的發展，始終守住初心。直接領導香港發展的，還是特區的行政長官。打開香港基本法，行政長官的權力配置可謂"頂配"。既是特區的首長也是特區政府的首長，行政長官是否忠誠於國家、忠誠於香港，是否為國家根本利益擔當、為香港整體利益擔當，是否以市民為中心、以實幹為導向，關乎香港整個管治團隊的施政意志和理念，影響香港整個社會的發展方向和走向。

香港需要一個好特首！

他能認清所在的位置，有真正的格局。他可以準確把握政治站位，向中央負責，向市民負責，無論什麼時候都擁護中央的全面管治權，有將香港發展關聯國家主權、安全和發展利益的高度自覺，以服務好香港的方式服務好國家，有區域觀，更有大局觀，善施政，亦善鬥爭。

他能堅守不變的初心，有真正的情懷。他可以堅持市民至上理念，深刻理解"一國兩制"香港事業的初心使命，同中央一樣，一切工作都為了香港好，都為了香港市民好，能切實與民"有鹽同鹹，無鹽同淡"，有實現市民最大福祉、貢獻民族偉大復興的理想追求。

他能負起肩上的使命，有真正的擔當。他可以握緊發展的金鑰匙，直面香港正面臨的困難，正視香港要突破的瓶頸，勇於剷除社會政治生態痼疾，敢於衝破各種利益藩籬，在解決香港住房、就業、醫療、貧富懸殊等深層次突出問題上踔厲奮發、篤行不怠，徹底擺脫傳統的所謂"商人治港""公務員治港""專業人士治港"的精英觀，只為祖國奮鬥，只為生民立命。

他能開拓施政的局面，有真正的本領。他可以拿出改革的魄力、運籌發展的資源，能勤勉任事也能任人唯賢，在捍衛國家根本利益上有戰略有策略，在推動香港發展上有想法有辦法，在團結市民上有溝通力有感召力，總是能把握香港融入國家發展大局的機遇，建設香港最優秀的人才隊伍，逢山能開路，遇水能架橋，是改革的促進派、實幹家，自己就是"能者居之"的最佳示範和典型。

他能幹出實在的政績，有真正的作為。他可以帶領香港走出紛爭不止、慣性動盪的老路，破除"議而不決，決而不行"的模式，讓香港"五光十色"的政治格局托起市民五光十色的夢想，讓民之所急得化解、民之所困得緩解，劏房的問題在明確的時間表內消化，青年上流的問題在有效的路線圖上改善，能在一個任期內辦成幾件市民最為關注的事，以務實的作風取得實實在在的施政業績。

時來天地皆同力。事之難易，不在大小，務在知時。挺過了最艱難的日子，香港可以前進了。特首忠誠國家、熱愛香港、為市民負責，香港的未來有確定性，而這正是中央和香港市民對他的最大期望：管治上良政善治的確定性，香港不再有亂象亂局；發展上繁榮穩定的確定性，香港不再是停滯落後；社會上團結祥和的確定性，香港不再會波譎雲詭。"一國兩制"香港事業的確定性，行穩致遠。

防疫抗疫：香港的"覺醒"

2022.03.12

一

嚴峻的疫情形勢，艱難的防疫局面，曾經讓整個香港社會陷入深深的焦慮和迷茫中。一度，特區政府遭受著全方位的壓力和指責。

行政長官和她的管治團隊，肩負守護市民身體健康和生命安全的使命職責，受疫情煎熬，為防疫憔悴，正是他們的本分。他們必須為此付出努力，且必須通過努力換來疫情的好轉。在疫情防控的每一個階段，他們都應是最焦慮的人，扛下所有的沉重，攬下所有的委屈，用最執著的努力博取最後的勝利。

二

第五波疫情，打了香港一個措手不及。此前的諸多亂象及不可收拾，幾乎要讓人放下對香港的驕傲。

醫院外擺滿了病床，病人被置於寒風中；一人染疫無從隔離，只好把一家老小全部感染；謠言四起，超市搶購，買菜難度甚過戰亂地區；一批又一批老人確診離世，殯儀館堆滿屍體來不及處理……淒涼、無序、混亂，疫情中，香港成了"不發達地區"。

危險步步緊逼，社會被恐慌情緒籠罩，香港市民嘗到了孤立無援的滋味。這個多少年來一直被世人視為全球最安全的城市，彷彿一下子失去了安全感，處處危機彌漫，人人無奈自保。

在習近平總書記作出指示前，在中央出手援助前，疫情將要失控的香港，黯淡了東方之珠的光彩，露出了讓人揪心的一面。

三

穩控香港疫情的時機，可以自己創造。

就在特區政府有心無力、香港社會陷入焦慮恐慌的時候，習近平總書記就香港疫情作出了指示。指示內容的精神要義，就是壓實特區政府的主體責任，為特區政府防疫抗疫打上"加強針"。也正是在 2 月 16 日媒體報導總書記相關指示後，香港疫情防控開始步入新階段，從此以後，特區政府開始了真正的有意義的"覺醒"。

1. 明確特區政府進入"戰時狀態"；

2. 主動決定推遲行政長官選舉；

3. 審慎研判一切防疫舉措；

4. 積極運用緊急法律解除障礙；

5. 認真對待內地援港專家建議。

當時，雖然疫情還在上升，醫療資源仍然不足，工作體系尚有短板，但因為特區政府重視了起來，緊張了起來，果斷了起來，開始找到節奏並有序了起來，香港疫情快速增長的勢頭得到了遏制。

疫情防控中，從不能到可能，從不行到可行，特區政府在突破自我，香港社會在突破自我。也恰是因為這些理念和行動上的突破，讓特區政府看到了那個曾經畫地為牢的自己，發現了再提升治理水平的潛力，體察了"一國兩制"方針下"港人治港"的張力。

不打倒疫情就會被疫情打倒。因為疫情，特區政府得到了教訓，得到了啟示，得到了鍛煉成長。

特區政府最應該感受中央的良苦用心：信任、尊重特區政府，理解、支持特區政府，督促其盡責亦指導其進步，始終在"一國兩制"確定的憲制秩序內，深情關切並依法處理香港事務，給予了特區政府最大的施政舞台和作為空間。

四

端正了態度，矯正了認識，修正了路線，香港防疫抗疫便有了新局面。

在總書記作出重要指示、中央提供"照單全收、有求必應"的支持援助後，特區政府防疫抗疫的思想條件、環境條件、資源條件得到解放，信心多了，行動快了，便把握住了"中央出手援助"這一關鍵變數，有效撬動了香港疫情防控的壁壘堅冰。

全員上陣，拿出"不破樓蘭終不還"的決心；人民至上，將每一條生命都視為寶貴；不再強調香港的特殊，自覺協同國家發展理念，專心謀求抗疫新局面。於是市民又看到：

——方艙醫院使用率不足的問題得到解決；

——快速檢測確診線上申報系統得到落實；

——提高長者疫苗接種率的計劃得到推進；

——特區政府防疫工作分工安排得到加強；

——動員 18 萬公務員參與防疫得到了明確。

毫無疑問，香港疫情防控保衛戰取得勝利，正是在中央全力以赴支持援助的結果，正是特區政府切實扛起主體責任的結果，正是在中央深情感召下、特區政府有力動員下，香港社會同心同行抗疫下取得的成果。

五

　　這場疫情，如靖海侯此前所言，正是一場香港治理的"公開考"：

　　它是要被動承擔的工作，也可以成為一場"社會實驗"，是香港治理中一個擺脫思維慣性、理念束縛、路徑依賴的大好機遇。

　　"一國兩制"下的香港，有獨特制度優勢，其獨特不能只理解為香港資本主義制度的獨特，還在於可以整合兩地制度各自優勢的獨特。以人之長，補己之短；國家所需，香港所長。不融匯不足以融合，不整合各自優勢不足以整合各方力量。香港要保持活力和競爭力，必須盡最大可能借鑑吸收一切外部的積極因素，才能讓其獨特的制度有動能、可持續、得生長。

　　如此，香港便沒有什麼是不可能的。

　　疫情過去後，特區政府會發現不斷覺醒的意義、已被激發的潛能，香港會發現不斷迭代的價值、已被疊加的優勢，世界會發現"一國兩制"香港實踐的新發展。

這條漂亮的 U 形曲線，
預見了香港的未來

—————— 2021.09.28 ——————

一

　　2014 年以來，自非法"佔中"始，香港留給本地及世人的印象未必美好。一場以所謂"公民抗命"、要求普選的政治運動，在內外反中亂港勢力勾結下開啟了香港的"夢魘時刻"。上百萬人被裹挾其中，父子成仇、夫妻決裂、同事逆行，社會從此陷入巨大的內耗和撕裂中，墮入了"泛政治化"的泥沼。國家利益被漠視，行政主導被破壞，立法會被騎劫，傳統法治優勢在政治陰霾中黯淡，曾經，一個聒噪、無序、混亂的香港讓人愁悶且無奈。

　　隨後發生的事情更為糟糕。2016 年農曆新年，旺角發生暴亂，暴力突然抬頭；同年的立法會選舉，一眾"港獨"分子成為候選人，辱華風波通過電視直播傳到世界各地。其間，2017 年的回歸二十週年，喜慶氛圍在社會暗流湧動下顯得多有單薄。終於，矛盾和問題聚集銳化至"奇點"，2019 年，修例風波爆發，動盪擾亂全城，數百萬人的生活被打亂，一場"顏色革命"幾近毀掉香港。

　　香港市民一定還記得那些瘋狂的日子。黑衣暴徒招搖過市，暴力動亂無日不有，"私了""攬炒"肆意妄為，"黑色恐怖"的低壓讓人焦慮窒息。那個時候，不會有人質疑香港的不正常，正像今天無人質疑香港撥亂反正的必要且迫切一樣。人們期盼香港穩定下來，議員就像議員，學生就像學生，上班族就像上班族，社會各方能各歸其位、各盡其責。人們不希望因一言不合就被燒成火人，不希望家門口的交通信號燈可以被隨意砸爛，不希望到什麼餐館吃飯也會被加上或藍或黃的標籤。人們希求香港安寧、歲月靜好，希求孩子們不會淪為暴徒、有真正的未來。

二

形勢嚴峻，情勢危急，已經到了關乎香港前途命運的時候。擺在香港前面的路，只有兩條：一條是任由香港亂下去，一條是把香港重新拉回正軌。而但凡對香港有一絲感情、對生活具一線希望的人，都不會容忍香港走上第一條路。

要把香港拉回正軌，絕非易事。2019 年香港暴露的問題，不僅僅是少部分反中亂港分子的問題、暴力破壞的問題，還有更多更深層次的方面。這些方面，體現在憲制秩序的長期不穩固、政治秩序的長期被破壞、社會法治觀念的長期被扭曲，更體現於國家主權、安全、發展利益長期以來的被缺位和被挑戰。正視這些問題並從根本上這些解決問題，改變香港的努力必須由點及面、由表及裏，既著眼現實又立足長遠，構建起一整套有利香港長期繁榮穩定的長效機制。

認識論釐清，方法論確立，中央出手。中央履行對港全面管治權，總體分兩步展開：第一步，止暴制亂、恢復秩序；第二步，撥亂反正、正本清源。於是，全國人大通過建立健全香港特區維護國家安全的法律制度和執行機制的決定，香港國安法頒佈實施；於是，全國人大通過完善香港特區選舉制度的決定，基本法的兩個附件得以修訂。以健全法律制度維護社會秩序，以健全選舉制度維護政治秩序，大破大立中，亂象一掃而空，亂局一舉矯正，香港終於撥雲見日。

可見的變化簇擁進入眼簾：反中亂港分子氣焰不再，或被拘捕，或已潛逃；反中亂港團體一朝潰敗，或已解散，或被取締；暴力、"攬炒" 再無立錐之地，為嚴格的法律所馴服。在新的選舉制度下，"愛國者治港" 原則全面落實，特區管治基礎得以夯實，特區管治團隊面貌一新，新氣象、新局面已然塑就。

從動盪不安到社會穩定，從內耗不止到團結向前，從立法會的雞飛狗跳到立法會的高效暢通，香港深刻嬗變。黎智英被捕、教協垮台、《蘋果日報》關門、"支聯會" 解散等現象，無不印證了香港撥亂反正的成功，無不顯示了香港的今天已非昨天，無不宣告了香港被反中亂港勢力裹挾、綁架的日子一去不復返了。她，已由亂到治，正由治及興。

三

一項指標也印證了香港的巨變。近日，《全球金融中心指數（GFCI 30）》發佈。這一被視為最權威的金融中心指數的最新資料顯示，香港再次在排名進入全球三甲。從修例風波致使香港排名跌落第六，到中央出手後香港排名先後升至第五、第四、第三，香港局面之變化在此生動彰顯。

有媒體將香港這一排名變化的情況繪製了出來，那是一條 U 形曲線，下滑、觸底、反彈。這條 U 形曲線，就是香港發展的路，遭遇挑戰、迎接挑戰、戰勝挑戰，映照了香港的過去，預見了香港的明天。

　　這條 U 形曲線，包含了太多深刻又淺顯的道理：沒有社會的穩定，就不可能有社會的繁榮；沒有撥亂反正的努力，就不可能有積極向好的態勢；沒有中央履行對港全面管治權，不能確保社會政治大局穩定，香港就不可能一步一步堅實前進、向上生長，再次刷新歷史篇章、續寫香江傳奇。

　　應當記住這條 U 形曲線，它告訴了人們怎樣的香港不堪回首；應當珍視這條 U 形曲線，它啟示著人們怎樣的香港才有未來；應當守護這條 U 形曲線，它代表著香港正走的路，是光明大道，前程開闊似錦。在這條 U 形曲線上，觀照現實、遠觀未來，可望香港更美好的明天。

四

　　由治及興，香港在路上。中央和國家，正為香港這條 U 形曲線的向上擴展付出更多努力。

　　"十四五"規劃專篇擘畫香港發展藍圖，國務院港澳辦主任夏寶龍用"四個期盼"具體描繪香港光明前景後，《橫琴粵澳深度合作區建設總體方案》《全面深化前海深港現代服務業合作區改革開放方案》發佈。國家謀劃發展，香港協同規劃；兩地合作擴區又擴容，香港舞台更寬闊。以支持香港經濟社會發展為初心，政策上體現、措施上配套、行動上跟進，亦引領、亦服務、亦保障，國家對香港的良苦用心、對香港同胞福祉的深切關懷，毋庸贅言。

　　支持是具體的，精神是一貫的。中央為香港所做的一切，無論是政治上還是經濟上，無論是社會民生還是青年發展，都不難發現其要義：以推動香港融入國家發展大局夯實香港發展的基礎，以共用國家改革開放機遇打開香港發展的空間，以與國家同發展共繁榮實現香港發展的目標。"一國兩制"，一體同心，一起前行，祖國就是香港最好的依靠。

實則，香港回歸後的發展就是這麼來的，回歸前的發展亦因如此。社會穩定後，香港有了新的政治生態和社會環境，全社會凝神聚力謀發展成為可能。習近平主席指出的發展這把"金鑰匙"，在國家無私的鼎力支持下，正開啟香港新的繁榮之門，讓香港已經走出的這條漂亮的 U 形曲線一路上揚。

五

"香港發展一直牽動著我的心。"習近平主席對香港感情也深，14 億同胞對香港的期盼也多。"一國兩制"香港實踐步入中期，人們都在盼望香港延續發展的奇蹟，擺脫沉重的過去，以豪邁姿態奔赴新的未來。

走出了"政治泥沼"，香港社會的主要矛盾已發生變化。與反中亂港勢力的鬥爭不會鬆懈，但破解經濟民生等香港深層次矛盾和問題、衝破固有的利益藩籬，已經擺在了香港新的管治團隊面前。為了市民最大福祉，香港的管治者們必須以更大的決心和魄力促改革、謀發展，從國家根本利益和香港整體利益出發，努力剷除沉疴積弊、實現革故鼎新，並以此證明"愛國者治港"的真諦。

在這條 U 形曲線的繼續上揚中，香港會繼續嬗變；在這條 U 形曲線的繼續上揚中，"一國兩制"將行穩致遠。體察深思，維港兩岸的人們可以滿懷希望。

"民意" 的瓦解

2021.08.28

一

2019 年 6 月 16 日，"民陣"再次發起示威遊行活動。事後，"民陣"宣稱遊行人數達 200 萬人，創了所謂歷史紀錄。而香港警方表示，最高數值為 33.8 萬人。那一天，所有現在已被刑判、已經潛逃、已在懊悔或已然靜默的反中亂港分子在街上、在電視裏，都一副得意洋洋的樣子，以為就要迎來屬於他們的"偉大勝利"。

2021 年 8 月 15 日，"民陣"正式發佈公告宣佈"解散"。公告書中，"民陣"儘管欲以浮誇的口號、煽惑性的文字遮掩其徹底失敗的真相，但香港社會早已讀懂其怯懦，識破其陰謀，預見其潰敗。

歷史真相沒有湮滅。"200 萬人"的"民意"，"毋忘初衷"的"民陣"，在陰霾被驅散、陽光透射後，顯現出本來的模樣，在撥亂反正中、市民覺醒後，被扔到了時代的垃圾堆裏。

二

香港過去的"亂"、反中亂港分子的囂張，皆因被綁架的"民意"。

　　1997 年回歸後，香港社會總體平穩。作為一個多元社會，又因舊有的社會制度被完整繼承，缺乏一次系統調整和整體革新，喧嘩嘈雜註定是其常態。歷經一次又一次的社會政治事件，大部分市民被加上了政治的標籤。不同的社會政治力量，通過一個個合法或非法的團體、一次次有序或無序的選舉，將市民推搡著擠壓到政治的跑道上，逼迫著他們一次又一次作政治上的"選邊站隊"。

　　於是，香港政治持續升溫，多元社會走向"二元對立"，墮入了"泛政治化"泥沼的深處。

　　當政治過熱，包容在香港便成為稀缺的品質，成為反對派眼中最大的"政治不正確"，"民主""自由""人權"那些曾經無比鮮亮的口號和理念，全部被異質，注入了反中亂港的基因，成為香港反對派刺破香港繁榮穩定的"兇器"。

　　民主變了質。基本法規定的循序漸進的民主進程被反對派視為障礙，他們開始不顧歷史、不顧港情地提出了更激進極端的主張。他們無視香港回歸後實質性的民主進步，反而污衊這種進步為倒退，用不停的挑戰和挑釁，釋放出社會和人性中"惡"的一面。於是，香港已經取得的民主進步被消解，將要發生的民主進步被壓制，2015 年走向普選的政改方案被"夭折"。

　　香港反對派過去想要的"民主"，已經不是民主，而是"民怨"。

　　自由變了質。在國際組織所有有關"自由"的地區排名中，回歸後的香港都名列前茅；而在香港反對派所有有關"香港自由度"的評價中，香港都代表了"落後"的一派。一年發起萬餘場遊行，他們說沒有示威自由；政團社團野蠻生長，他們說沒有結社自由；當《蘋果日報》天天發表反中亂港文章時，他們說沒有新聞自由；2014 年非法"佔中"後，他們又喊出"違法達義"的口號，要徹底打掉自由最後的底線。乃至 2019 年修例風波，他們打砸縱火傷人，嘴裏喊的還是"自由"。

香港反對派過去想要的"自由"，已經不是自由，而是"自決"。

人權變了質。《公民權利和政治權利國際公約》明載：法律應禁止任何歧視，並保證人人享受平等而有效之保護，以防因種族、膚色、性別、語言、宗教、政見或其他主張、民族本源或社會階級、財產、出生或其他身分而生之歧視。而撥亂反正前世人所看到的是，內地人因說普通話被反對派打壓歧視，建制派因政見主張被反對派打壓抹黑，"香港人"被他們踢出"中國人"的內涵，"本土"在一個國際大都會裏竟成為他們主張"不平等"的理由。

香港反對派過去想要的"人權"，已經不是人權，而是"奪權"。

他們將真實的意圖放在陰暗處，將鮮亮的幌子置於最前端，用所掌握的媒體工具和輿論手段長年累月地煽惑市民、誘導市民，刻意營造出一種荒謬的"危機感"、不實的"壓迫感"、虛偽的"神聖感"，以此塑造社會認知、製造社會撕裂、營造中央和特區所謂的緊張關係。香港社會的"泛政治化"恰恰是他們的作品，把民眾裏挾進來恰恰源於他們的威逼利誘，讓社會二元對立恰恰是他們的手段和目的。修例風波以來，上萬人因參與非法活動被捕，其中近四成是在讀學生，恰恰是市民被他們綁上戰車、被他們綁架的惡果。

"民意"在哪裏？在他們嘴上，在他們所掌控的反中亂港媒體上，只在他們實踐的各種陽謀和陰謀中。

三

反對派煽惑民眾，亦直接製造"民意"。

香港中聯辦前副主任楊健在《風雨香江情與思》一書中，用一篇題為〈民調的"玩法"〉的文章剖解了相關問題：香港反對派民調機構，通過"操控樣本""自創標準""偷換概念""改變方式""暗置傾向""調整權重"等手法，放大他們想要的"民意"，呈現他們想像的"民意"，不科學、不負責、不真實、不足為信。

在直接製造"民意"上，反對派的手法還有很多：

1. 利用在特區政府、立法會等政權機構中的位置，代表"民意"；

2. 利用所掌控的傳統保障和網絡媒體資源，渲染"民意"；

3. 利用其所培植的輿論領袖 KOL 和網絡寫手，鼓吹"民意"；

4. 利用西方反華勢力及其反華政客活動及言辭，歪曲"民意"。

用被設計的"民調"鋪墊反中亂港活動，用被包裝的"民意"動員反中亂港活動，再用被織造的"民情"施行反中亂港活動，一個個事實與真相就在他們的大言炎炎中被漠視、被掩蓋、被絞殺，讓香港更顯得波詭雲譎。

香港社會過往的一切亂象與亂局，都有此有關，都因此發展。當社會和市民被"代表"，選舉以及管治都被置於這巨大的謊言之上，失去了真實性與權威性，陷入了"劣幣驅逐良幣"的惡性循環。於是，世人看到了反中亂港分子登堂入室，反中亂港活動肆意橫行，看到了他們對特首的不恭、對法庭的不屑、對香港固有的憲制秩序和維護國家安全責任的不以為然。

四

真相上場的時候，虛假就會怯退。

2020 年 6 月，中央履行全面管治權，全國人大常委會決定就香港特區維護國家安全立法。立法消息一經傳至香港，香港反對派的政治版圖就已經出現裂痕，顯現出要崩塌的跡象。而在香港國安法生效的前一天，許多反中亂港組織宣佈解散，許多反中亂港頭目宣佈退休。

自香港國安法頒佈實行，香港在中央支持下有力撥亂反正，選舉制度亦得以完善，補上了漏洞和短板，香港的形勢、情勢、趨勢已然明朗頑固。《蘋果日報》猝然停刊，教協一夜崩壞，"民陣"終於解散，"支聯會"也隨之一同走進了歷史的角落。

香港一年巨變所呈現的，不僅是香港止暴制亂、恢復秩序，不僅是撥亂反正、由治及興，更是社會政治生態的淨化、社會輿論環境的改良、社會發展方向的明朗，更是一種久違了的"安靜"與"協同"。

市民突然發現：香港電台的節目由極端走向持平了，反對派KOL的聲音微弱了，那些一直用數字踐踏特區政府的民調機構"低調且慵懶"了。他們所謂的"民意"的聲音已經降噪，正在消失了。

一種"民意"在黯淡，一種民意已彰顯。邪不壓正，確保"一國兩制"行穩致遠、香港繁榮穩定的"民意"終於露出其作為主流、主線的本來面目，把反中亂港分子所宣稱的"民意"擠出了香港社會的舞台。

市民突然發現：民意原來在自己心裏，不在反對派的嘴上；民意原來在有序的社會生活中，不在《蘋果日報》的版面裏；民意原來在守法的大多數人一邊，不在違法的少部分人一邊；民意不在西方政客和媒體的說教裏，不在洛佩西那暴力肆虐的"美麗的風景線"裏，只在發展的信心和希望裏、在 2047 年的光明前景裏。

市民曾經被綁架的"民意"，不過是反中亂港分子注入香港社會的一劑"毒素"，不過是挾持市民"心靈"和港府施政的一道枷鎖。

五

　　長久以來，香港社會一直被反對派編織的"民意"挾持，特區政府施政一直被反對派推出的"民意"掣肘。前特首林鄭月娥曾說：經過"黑暴"和國安法，整個香港上了很深刻的一課，包括特區政府和我本人。這"很深刻的一課"，理應包括面對"民意"的教訓總結和實踐反思。

　　代表民意，而不是讓民意被代表；把握民意，而不是讓民意被綁架；呼應民意，而不是讓民意被煽惑；使民意推動社會發展，而不是推動社會撕裂。不畏浮雲遮望眼，重視民意而有判斷力，徹底終結原來那種"亂花漸欲迷人眼"的認知，逡巡不前、瞻前顧後的狀態，議而不決、決而不行的怪圈，從容應對一切可能面對的挑戰和局面。

　　把推動香港的發展權牢牢掌握在自己手中，以真抓實幹、敢於擔當開創發展新篇，以實績與實效全面夯實香港的社會政治基礎，真正的民意才會光亮彰顯。

沒有政治"低氣壓"，
只有管治"及時雨"

2021.07.21

香港由亂到治，市民不用再擔心收工後有人堵路，不用再害怕週六日又現黑暴，街頭上沒了"裝修"和"私了"，電視裏少了亂象與紛爭，開店就是開店，學習就是學習，各自靠奮鬥追逐自己的夢想，一切都在軌道上、在穩定中尋求新的發展，市民希冀的理想的香港模樣，不正是如此嗎？

有人不這麼看。黑暴退散，他們神傷；反中亂港勢力潰敗，他們灼心；國安法頒佈施行，他們驚恐；完善選舉制度，他們又開始絕望。總之，面對香港的撥亂反正，他們糾結、焦慮、反感、排斥，反而覺得香港前些年的嘈雜、混亂、撕裂、內訌是正常並可寬慰其心的。滑稽的是，這樣的他們竟認為自己深愛香港，甚至自詡為香港核心價值的守護者。在他們眼裏和心裏，似乎香港的亂體現著正義、代表著理想、蘊含著希望，而香港的有序、穩定、繁榮倒是讓人討厭、使人煩憂了。

於是，他們將香港撥亂反正後的新氣象稱之為政治"低氣壓"。其大概的意思，無非是誣指今天的香港政治沉悶、社會壓抑，他們不能再像此前一樣享有完全而沒有邊界的自由了。一方面，香港的活力減退了嗎？明顯，減退的只是反中亂港勢力的活力，只是違法暴力活動的活力，而愛國愛港力量揚眉吐氣，香港經濟金融堅挺依舊，週末的銅鑼灣、海港城仍然人潮洶湧。另一方面，那種完全而沒有邊界的自由還能給他們嗎？給他們搞亂立法會的自由去繼續搞亂立法會？給他們在學校裏煽暴的自由去繼續鼓動"港獨"？給他們想"裝修"就"裝修"的自由、想"私了"就"私了"的自由去繼續打砸破壞？向壞而不是向好，向惡而不是向善，向亂而不是向治，即便來一場"低氣壓"，讓正義的氣流上升，帶來大風和降雨，滌蕩香港昔日的亂局亂象，也是必要且有益的。

在所謂的政治"低氣壓"之下，一些人身上有"債"、心裏有"鬼"，開始不能承受其重。那些反中亂港頭目和骨幹分子自然害怕，或割席自保，或退出政壇，或潛逃海外，或不再張狂；另有一些曾經和反中亂港分子沾邊或者持有"同情心"的，也變得心慌慌。有的反對派 KOL 選擇"封筆"，還煞有介事地在專欄裏苦情告別；有的把自己曾經支持反中亂港活動的劣跡一舉"焚毀"，作出一副"金盆洗手"的樣子；有的乾脆拿出發黃的 BNO 護照，帶著一家老小去投奔異國。香港的一些媒體說，港人的抑鬱指數在升高，移民人數在增多，多因漸變的政治社會氛圍。這些媒體或許看到了香港的一面，但卻沒看到香港的另一面：經歷了"修例風波"的教訓，香港要的就是正氣上升、濁氣下降，就是滌蕩乾坤、風清氣正，就是反中亂港思潮和勢力的退場，就是愛國愛港思想和力量的蓬勃。

沒有政治"低氣壓"，只有管治"及時雨"。如果不能轉變反中思維、改變亂港立場，看到香港社會的進步和嬗變的意義，他們這樣的苦悶和煩惱就不可能消解，他們這樣的迷茫和絕望就不可能斷絕。頒佈施行香港國安法，香港維護國家安全"不設防"的歷史已經終結，香港的撥亂反正的進程已經不可逆轉；完善香港特區選舉制度，"愛國者治港"原則全面落實的局面已經展開，任何一個反中亂港分子再無可能通過任何途徑和方式混進特別行政區管治架構。中央出手履行全面管治權的兩大舉措，就是要讓反中亂港分子苦悶絕望；確保香港特區社會大局穩定，保持香港長期繁榮穩定，就必須要讓反中亂港分子苦悶絕望。如果不想著反中亂港、不會反中亂港，還有什麼可擔心、可焦慮的呢？如果選擇愛國愛港路線、投身愛國愛港事業，不正是機遇無窮、生機無限嗎？

香港社會需要明白的是，維護國家主權、安全、發展利益沒有妥協餘地，"一國"的安全底線動搖不得。維護國家安全，是"無限之戰"，守護香港繁榮穩定，是"長久之策"。香港國安法既然已經頒佈實施，執法力度就不會減弱，更不會像某報創辦人說的那樣，在香港完成二十三條立法後就會選擇"退休"。某些反對派KOL指出，香港永遠不會再回到從前了。他們說得對，在維護國家安全上，在清剿反中亂港勢力和活動上，這種態勢將持續下去，不會給反中亂港分子任何幻想；但他們又說得不對，香港不會回到維護國家安全"不設防"的過去，但會恢復繁榮穩定，並會走向新的繁榮穩定，在參與民族復興征程中迎來新的光明前景。

揮手向撕裂的、紛爭的香港作別，主動擁抱這正蛻變涅槃的香港，才能卸下心裏的包袱，發現歲月靜好，坦然奔赴新的前程。夏寶龍主任曾經在講話中深情表示："中央在香港、澳門所做的一切，都是為了香港、澳門好，為了香港、澳門同胞好。"香港社會不妨用心觀察、耐心體察，看看香港正發生的變化走向何處，會給市民生活帶來怎樣的轉變。只要打開心門，睜眼看世界，就會看清"國安家好"這歷史的發展邏輯，正在香港生動演繹著。

8 個字，極簡把脈香港情勢

2021.07.10

　　香港由亂及興，局面已大不同。新形勢，奠定新起點，催生新課題。香港有關各方，是時候告別過去，正視當下，為將來準備並重塑自我了。

　　以下 8 個字，涉及 8 個主體，關係 8 個方面，或可供人們把握。

一　大局：穩

　　習近平總書記在慶祝中國共產黨成立一百週年大會上的講話中，對港澳工作有 6 句論述，其中首次出現的論述是"維護特別行政區社會大局穩定"。可見，統籌發展與安全，中央履行全面管治權，做好香港工作，穩是第一位的。

二　特區：進

　　隨著香港由亂及治，香港社會矛盾和工作重心變化、轉移。聚焦破解香港住房民生等深層次矛盾問題，成為新的工作重點。全國兩會期間，國家領導人下團參與討論，已表達相關期望。香港特首一直強調香港要重新出發，其意亦是如此。進，代表著香港特區進入新的發展階段，調整重心、完成轉換、快速適應、體現主動，正是當務之急。

三　行政：忠

　　對特區行政來說，全面落實"愛國者治港"原則主要體現在宣誓和簽署聲明等方面。相比選委會成員、立法會議員，特區政府公職人員規模更大，責任更實更具體，與市民接觸最多最直接，且其在執行層面，要確保整個隊伍成色一致、方向一致、步調一致的難度也更大。可以說，確保行政團隊對中央和特區忠誠，既關係管治要求，也關係施政效果，是提高特區政府運轉效能的認識論也是方法論。做到這一點，便能為特區社會大局穩定提供最大基礎。

四　立法：順

　　昔日的立法會亂象是香港亂局的重要構成、主要表現。完善香港特區選舉制度後，立法會議員結構優化，"議而不決"的問題有效解決，行政立法關係改善可望可見，特區的治理效能明顯提高。而要檢驗其實踐效果，立法會是否順暢高效運轉就是核心指標。也唯有順，立法機關才能承擔並盡快完成為二十三條立法的任務。

五　司法：公

　　香港局勢的深刻變化，亦撬動香港司法傳統局面。從遭受"獨大"質疑到心懷"港之大者"，協同貫徹落實特區維護國家安全的法律制度，司法機關在路上，展現了新的氣象。面對西方國家和外部勢力對香港司法體系和法治文明的攻擊，司法機關應該主動站出來，亦說亦做，用行動證明香港法治的核心價值沒有丟、在鞏固。公，就是說香港司法系統應有公心，保持公信，幫助社會堅守公理，格局更大些，更有效踐行法律責任與社會責任。

六　建制派：能

香港建制派長期以來的問題，不在於政治立場而在於參政能力，不在於鬥爭精神而在於建設能力。"愛國者治港"原則中，愛國是基本標準和要求，有能力亦是應有之義。能，就是說香港建制派要練好內功，在香港新的形勢任務中有新的面貌，對香港破解深層次矛盾問題有作為有貢獻。空泛的政治表態不足以支撐其作為建制派的底色，政治立場要靠政治效果來檢驗，實幹出實績，正是對香港建制派考評的最新標準。

七　反對派：改

中央多次強調，全面落實"愛國者治港"原則不是搞"清一色"。對香港反對派來說，其中的反中亂港分子必須予以剿滅，不容其有任何滋生空間；而對其中同樣愛國的團體及人士，香港的政權機構內仍然歡迎他們的存在和發展。但香港反對派曾經"中毒"很深，需要他們作出"調整"。香港的反對派需要明白，不改則不能在"新香港"立足，改了就會生機無限，同步解決生存與發展的問題。

八　民眾：安

香港在變化，在深刻調整，正系統嬗變，有大破大立。變化中，香港社會的"陣痛"難免。一些人會有焦慮緊張情緒，在調整心態後實現與時俱進必然要經歷一個過程。看到香港的變是協奏曲、不變是主旋律、變服務於不變，看到"一國兩制"方針在香港不動搖、不會變，市民就不會對"一國兩制"的未來有疑慮，就不會為香港 2047 的前景所困擾。安，就是說要市民要明白社會安寧的重要性，既安身亦安心，以身心之"安"全個人、家庭、社會之發展。時間會證明香港撥亂反正的價值和意義，民眾應保持耐心與樂觀，共同守護香港的長期繁榮穩定。

第三部分

走向由治及興

二十三條立法，急還是不急？

2023.02.15

一

2020 年 5 月，時任全國人大常委會法工委主任沈春耀強調：

"全國人大的有關決定和全國人大常委會制定的這部法律（香港國安法）都不取代基本法第二十三條要求特別行政區自行立法的規定。香港特別行政區應盡早完成基本法第二十三條立法。"

三年過去了，二十三條立法仍是香港未完成的任務。

1 月 13 日，全國政協副主席夏寶龍在"保證香港國安法準確實施"專題研討會上致辭。他表示：

"我注意到，李家超行政長官在第一份施政報告中強調……特區政府'會進一步健全香港維護國家安全的法律制度和執行機制，包括推進《基本法》第二十三條立法準備工作'等。希望行政長官和特區國安委充分履行自己的法定職責……"

要求一以貫之。

二十三條立法，從來都不是要不要的問題。"依法盡責，又快又好"，才是對特區這項工作最基本、最準確、最堅定的定位。

二

　　二十三條立法，即香港基本法第二十三條規定，對香港特區明確的憲制責任和立法義務。

　　香港基本法於 1990 年 4 月 4 日公佈，1997 年 7 月 1 日起施行。也就是說，二十三條立法這一立法任務，此前已被特區擱置二十幾年。

　　國安法制定實施前，香港社會政治生態異化，二十三條立法需要的環境條件欠缺，面臨的是"有心無力"的問題。國安法制定實施後，"愛國者治港"局面確立，二十三條立法的最大障礙掃除，這項工作實際上已進入技術層面，步入落地階段。

　　2 月 14 日，李家超在參加行政會議前回答記者提問。他說："對基本法二十三條立法立場、目標不變，希望盡快可以於今年完成，否則在明年完成，會按實際情況推出。"

　　不難看出，本屆特區政府在推動二十三條立法上，時間表已然明確，那就是：1. 如果可以，爭取 2023 年完成；2. 如果不行，2024 年一定完成。

　　二十三條立法已經不存在"再擱置"的問題。

三

　　清晰寫入基本法，有香港國安法保障，二十三條立法勢在必行。然而，對何時完成二十三條立法，香港社會仍然存在看不明、吃不透的問題。

　　1 月 27 日，香港媒體注意到，繼 2022 年 10 月特區政府將二十三條立法計劃剔出立法會年度立法議程後，在最新提交的

2023 年年度立法議程中，同樣沒有二十三條立法事宜。

難道二十三條立法又被"擱置"了？兩個問題又變得焦灼起來：

1. 二十三條立法到底急不急？

2. 二十三條立法到底何時做？

要定分止爭，就必須回到事情本身。

二十三條立法急與不急，視乎三個方面的因素：

1. 形勢是否具緊迫性？

2. 立法是否具可行性？

3. 影響是否具確定性？

逐一分析。

四

先來看二十三條立法影響的確定性。

在維護國家安全上，制定實施國安法與推動特區二十三條立法，要體現的是一體構成和系統佈局，要實現的是雙向發力和共同作用，它們彼此不能替代、相互有機結合，兩種立法實踐的根本性質、工作目標和努力方向完全一致。二十三條立法同香港國安法一樣，都是確保香港特區維護國家安全的基礎設施建設。

有此理解，便不難預判二十三條立法的影響：一方面，它必然成為香港特區維護國家安全的又一道重要制度保障，更為系統地堵上香港特區維護國家安全的風險漏洞；一方面，它又必然成為西方反中亂港勢力打壓抹黑香港的藉口，被醜化、被污名化、被扭曲、被妖魔化。二十三條立法的影響，可預測，有確定性。

試想一下，如果香港此時本來應該推進二十三條立法而沒有推進，沒有推進的理由又是不斷變化的外部因素，不正是跳進了民進黨一貫欺騙台灣同胞的邏輯陷阱了嗎？他們會說：看吧，香港心虛了。現在不立法，就是"一國兩制"的前，今後再立法，就是"一國兩制"的後。而這，才會真正達成他們要恐嚇台灣同胞的效果。"一國兩制"，不是"胡蘿蔔"在前、"大棒"在後；二十三條立法，不會"看人下菜碟"，不會讓"台獨"勢力帶著節奏走。在維護國家安全上，消除戰戰兢兢的方法只有坦坦蕩蕩，對付陰謀詭計的辦法只有理直氣壯。外部因素及海外噪音不是再推遲二十三條立法的理由。

五

再來看二十三條立法的可行性。

二十三條立法，2003 年董建華任特首時曾全力推動，因反中亂港勢力和外部敵對勢力極力阻撓、干擾，一直沒有完成。時移世易，在香港國安法制定實施和完善特區選舉制度後，二十三條立法的環境條件已然整體改換：

——從推動能力上看，由於行政主導體制的鞏固確立，行政長官及特區政府推進二十三條立法的立場更堅定、意願更強烈、行動更高效，已不存在"議而不決"的問題。並且，有香港國安法的基礎保障和示範作用，對於如何立法、如何規定、如何實施，特區政府心裏更有底。

——從立法前景上看，由於行政與立法關係改善，立法會牢牢掌握在愛國者手中，特區政府的立法節奏和立法會的工作節奏已然可控，二十三條立法已不存在"中途夭折"的問題，在立法會不予通過的可能性基本消失。

——從社會基礎上看，香港國安法實現了香港的撥亂反正，同時夯實了香港社會對於維護國家安全事務的共識。香港社會對二十三條立法有預期、有準備，明白二十三條立法勢在必行且勢在必成，市民面對二十三條立法，已經沒有了回歸初期那種強烈而普遍的緊張感。

六

最後再看二十三條立法的緊迫性。

二十三條立法迫切不迫切，在於對相關問題的認識程度，也在於對這一任務本身的認識程度。作為 "歷史欠賬" 來看，二十三條立法從來都是迫切的，"盡快" 而不是 "視情" 才是面對這一 "歷史欠賬" 應有的覺悟，此一方面。另一方面，在堵上國家安全風險漏洞方面，香港現在真的安全無虞了嗎？在〈維護國家安全：香港的進行時〉一文中，對於香港在國家安全風險上面臨新情況新問題，靖海侯曾總結過 5 點：

1. 有組織的暴力暴動沒有了，本土恐怖主義的苗頭性危險還在；

2. 有組織的建制內對抗沒有了，反中亂港政團社團喬裝打扮、伺機而動的可能還在；

3. 挑戰國家安全行為走向虛擬化、網絡化、隱蔽化；

4. 在政權機關內部進行危害國家安全的行為；

5. 海外反中亂港行為向港內 "倒灌" 和 "轉運"。

這些想說明的是一個最基本的道理：維護國家安全沒有完成時只有進行時，任何的放鬆懈怠心理都會帶來問題，且都會成為問題的本身。

二十三條立法，與現實問題的迫切性有關，又與現實問題的表現無關，它自帶緊迫性。

七

一直很緊迫，社會有共識，影響可見可控，二十三條立法沒有不盡快推進的理由。對於二十三條立法，有一些認識需要明確下來：

1. 二十三條立法仍然要盡快推進，但進度服從效度、行動服務實踐；如果 2023 年不能完成，不能完成的原因只能是起草工作準備還不充分；

2. 二十三條立法與香港復常沒有排斥效應，其作用對於香港再發展只會是助益而非掣肘，不能將二十三條立法工作與香港集中精力謀發展對立起來；

3. 二十三條立法節奏一直牢牢掌握在特區手中，不存在"再擱置"的問題，不存在"再擱置"的必要，不存在"再擱置"的可能；

4. 社會對於二十三條立法有確定性預期，特區政府對於二十三條立法有確定性計劃，"確定性"是二十三條立法工作的最大特點，對此，社會不能有誤判；

5. 二十三條立法工作要基於香港的新形勢、"一國兩制"實踐的新形勢、世界變局的新形勢展開，相比 2003 年要與時俱進，相比香港國安法要重點突出；

6. 二十三條立法要總結吸收香港國安法實施經驗，清晰規定並系統搭建本地執行機制，防範行政、立法與司法可能出現的認識衝突和執行走樣問題。

早晚要做，不妨早做；既然要立，就要立好。國際形勢風雲變幻，外部不可控。以我為主，才是最好的認識論和方法論。

八

　　一言以蔽之：二十三條立法，有時機問題，但不是主要問題；是法律行動，但與經濟發展不具衝突；可以不必一定要於今年完成，但絕不是因為外部因素。即便考慮台灣因素，要做的，也是再通過二十三條立法傳遞給台灣社會一種底線上的預期。而這條底線，無論國際形勢如何變化，無論什麼時候，國家都不會容忍突破。

香港，被扭曲之下

2023.01.30

一

國安法制定實施後，香港由亂到治。政治局面重塑，社會生態深刻調整，呈現著香港的整體性變化，也讓外部世界重新審視香港，再次定位香港。

二

歷來在夾縫中求生存，在衝突中覓生機，在變局中凸顯優勢，往往形勢越複雜，香港越顯寶貴，越能發揮作用。但若作深入分析，國安法實施前後，英美勢力看待香港，有大不同：

此前，對香港的特殊地位有共識，注重並相信"兩制"的部分，對在香港發展有信心及安全感；此後，對香港的特殊地位有質疑，擔心並排斥"一國"的強化，對在香港發展有顧慮及危機感。

此前，經濟上利用香港，政治上綁架香港，對香港的經濟屬性和政治屬性有清晰概念和實踐策略，經濟路線與政治路線並行且並行不悖；此後，經濟上疏遠香港，政治上封堵香港，對香港形成了整體上統一的應對策略，主動降低經濟上對香港的路徑依賴，積極塑造政治上香港與內地城市無異的刻板印象。

　　此前，更多地把香港視為世界一員；此後，更多地把香港視為中國一員。

　　此前，注重以香港為前沿陣地，延伸自身經濟上政治上的影響力；此後，注重以香港為負面典型，消解中國經濟上政治上的公信力。

　　從打拉結合到以打為主，從躬身入局到抽身離開，從重視香港到輕賤香港，從試圖"以香港牽制中國"到試圖"用香港否定中國"，香港面臨的外在環境條件已然大變。

　　香港在重新定義著局面，西方也在重新定位著香港。

三

　　扭曲香港的定位，異化香港的功能，煽動西方陣營拋棄香港並陰乾香港，使香港失去對中國發展的戰略價值，正是國安法後西方反華勢力對港新的總策略。

　　通過"一國兩制"方針，中國賦予了香港"背靠祖國、聯通世界"的最大優勢；現在，西方勢力要做的正做的，就是把香港"聯通世界"的部分摘除，拿走她的這一優勢，通過擠壓香港的國際活動空間、摧毀香港的國際都會形象，使其窒息並使其全面向內坍縮。

　　主導這種陰謀和陽謀的，無疑是美方。香港國安法後，美國對港政策，有變有不變，變化的是手法，不變的是目的。概括起來，兩個方面：1. 保持以港制華的總戰略；2. 走上孤立香港的新路線。

　　近來他們做的一些事，都是服務於這一路線。1月26日媒體報導，美國駐港總領事在一個美國智庫論壇上表示："過去兩年，有15000名美國人以不同原因離開香港，佔2019年美國在港人口約兩成人。"他又指不少國際企業已經將總部遷離香港,或者將關鍵員工調離香港。他還提醒美國企業,香港國安法實施後,內地營商的風險在香港也會出現。1 月 27 日媒體報導,美國就世貿組織對包括中國在內的四個國家徵收懲罰性鋼鋁關稅的裁決提出上訴,同時就世貿裁定香港產品標註中國製造的做法違規提出上訴。這些舉動,無論是抹黑香港還是分化香港,最終都是為了孤立香港。

特區政府說"香港回來了",他們說"香港回不來了";特區政府說香港有"新優勢",他們說香港失去了"傳統優勢";特區政府在努力對外"講好香港故事",他們在努力對外"唱衰香港前景"。宣講者與被宣講者南轅北轍,香港自己要重構的形象與香港正被塑造的形象大相徑庭,香港復常後的路,不是一馬平川而是荊棘遍地,不是獲解放而是要突圍。"回來了"再被接納的問題,已經成為香港目前面臨的最大困難。

四

西方勢力抹黑香港、打壓香港,只是香港發展窘境的一部分。實則,香港內部問題與外部問題並存,外部擠壓和內部坍縮同時存在。

制定實施國安法,完善特區選舉制度,"一國兩制"香港實踐正本清源,香港有了確定性的發展環境。但這一確定性的發展環境所帶來的,並不必然是發展的緊迫感和危機感。一個尚未真正觸及的問題是:由亂到治後的香港,大的改革仍然沒有啟動,對"破除利益固化藩籬"和"破解經濟社會發展中的深層次矛盾和問題"的工作,社會的認知仍然模糊。

應該認識到,解決民生問題,不是發展的全部;沒有發展,民生問題也無從解決。不是說土地房屋問題解決了，香港就好起來了，就能夠一直好下去。香港所需要的，不是構建一個高福利社會，而是活力、動力、創造力。在一個穩定的環境下，不改革的結果，只會是利益藩籬更為固化、深層次矛盾繼續累積，只會是進一步加大路徑依賴，更加積重難返，社會進一步封閉，內部張力更加緊張。如此，香港何以"造血"？內部坍縮可能造成的結果，與外部擠壓殊途同歸，那就是香港會走向封閉和僵化，越來越難以走出去。甚至可以說，不改革，香港死路一條。

五

外部暢通，內部激活，香港才能真正"回來"。西方國家圍堵香港，單靠外宣治標不治本，甚至治標也是事倍功半。香港要通過改革為自己賦能，有規劃、見行動、動真章，拿出更有效的改革舉措來。要"輸血"，更要"造血"！形象不是宣傳出來的，而是社會風貌所呈現的；動能不是慣性延續的，而是要用改革不斷挖掘和釋放的。

穩定下來的香港，需要找回一點緊張感和危機感，多務實少務虛，多點腳下行動少點嘴上功夫，在多練內功的基礎上再外塑形象。一個澎湃內生動力、迸發多元活力的香港，才不怕被孤立，才不會被孤立。

"愛國者治港"格局下，
立法會可以更自信些！

2023.01.20

一

新選制下，議員席位從 70 個增加至 90 個，香港立法會規模擴大、結構調整，經歷一次選舉和一次補選實踐，已徹底擺脫反中亂港勢力的滋擾和束縛，完全由愛國者主構主導。

人事更新，氣象刷新。立法會昔日亂象一掃而空，行政與立法關係得到質的改善，效能有了質的提升。1 月 13 日，"保證香港國安法準確實施"專題研討會召開。夏寶龍主任在致辭中介紹說："2020 至 2021 立法年度，香港立法會通過 46 項政府法案，比過去幾屆每個立法年度平均通過立法的數量多出一倍以上，工作效率大為提升。"

特區的這一立法機關，終於可以讓人放心了。

二

立法會在香港具特殊地位。

其重要性，不僅在於掌握立法大權，還在於立法會直接或間接接觸選民和市民，在市民和政府之間扮演著重要的溝通潤滑的角色，在香港社會一直以來最受關注，並體現著香港民主政治實踐的質量。

　　過去，立法會成了政治紛爭的角鬥場，凸顯了香港一度的政治荒蠻；如今，立法會走出政治爭拗的泥潭，又成了折射香港政治文明進步的一面鏡子。新的政治參與格局下，香港社會乃至國際社會都在透過"這面鏡子"，審視香港的選舉制度，觀察香港的民主進程，判斷"愛國者治港"的成效。甚至可以說，立法會是一張"政治門面"，映射著香港管治的全局。

三

　　判斷香港立法會表現，至少有三個維度：1. 立法會運行是否有序高效；2. 立法會議員是否稱職有為；3. 立法與行政關係是否順暢。第一方面體現的是立法會的效能，第二方面關係的是議員的信度，第三方面反映的則是立法會在管治大局中發揮作用的情況。

　　正如夏寶龍主任所言，香港新一屆立法會表現亮眼，有秩序、有效率、有成績，在維護特區行政主導體制上一改從前積弊，表現突出。這是整體判斷和總體評價。然而，任何事物都不可能至善至美，香港立法會或也有一些問題。比如，對國家主席要求的"行政機關和立法機關既互相制衡又互相配合"的理解未必全面深刻，是否存在重視有餘而制衡不足的問題？比如，議員表現參差不齊，對"政治立場要用政治效果來檢驗"的貫徹未必人人到位，是否存在選前選後、人前人後言行不一的問題？

　　從社會認知和觀感來說，還有幾個方面：

　　1. 現有立法會議員總體曝光不足，不少市民認不全、甚至不認識了；

2. 立法會的討論總體平淡了一些，有些市民不了解、甚至不關注了；

3. 議員之間的"競爭"似乎減少了，議會有了合力，少了必要的張力。

"愛國者治港"格局下，為了保證參政議政質量，有力制衡可以取代激烈對抗，力爭上游可以取代明爭暗鬥，百花齊放可以取代四分五裂。不同於特區政府要強調決策的權威性和執行的一致性，立法會的權威性和公信力恰恰建立在充分表達、充分討論、充分協商，並建立在為社會所充分認知、充分理解和充分信任的基礎上。

議會轉起來，議員動起來，議事才能好起來。議會和議員，不同於政府和官員，台前幕後是一體的，台前也是主要工作。站出來而不是不出現，說出來而不是不吭聲，走出去而不是不行動，正是議員的本分。觀點人所不聞，做事不為人知，這樣的議員難言合格。

議會就是議會，所應崇尚的就是積極的公開的議事文化，而絕不應該是什麼密室政治和耳語文化。於議會和議員而言，透明度可謂生命線。現在，香港立法會更好了，透明度應該更高，讓市民對立法會有更多更深的了解。這是香港立法會好的傳統，需要發揚光大。

四

香港實現良政善治，除了需要各管治主體務實有為，還需要積極爭取社會的支持、理解和認同。

夏寶龍主任多次呼籲社會各方成為建設香港的積極力量，香港中聯辦主任鄭雁雄上任後首次公開發言就指出香港同胞優良傳統的精神實質是團結奮鬥。要凝聚力量、實現團結，首要的一點就是和社會和市民進行坦誠的溝通，關鍵的就是要做到坦坦蕩蕩、大大方方、清清爽爽。

立法會進步了，應該呈現這種進步；議員進取了，應該展現這種進取。進步進取，出新出彩，才是"愛國者治港"的氣象。新選制下的立法會，應該更自信些！運行效率勝過以往，議事質量勝過從前，公開性和透明度也可以更大些。

講好"香港故事"，少出"香港事故"

2022.12.21

一

有關香港及兩地的話題，所以引起社會爭議、呈現大眾分歧，往往源於兩地的差異性，或者說是"中國內地"與"中國香港"的差異性。當這種差異性被渲染放大，並將其理解或歸結為"香港的獨特性"，認知就出現了勢差，溝通就產生了障礙，違和感就變得突出起來。

爭議和衝突不時發生，就是因為"香港"與"內地"提得太多，而"中國香港"與"中國內地"提得太少，一致性被淡化，獨特性被銳化，差異性被強化，平常對香港的視角和論述太多"存異"而非"求同"。這，可謂香港社會"一國兩制"話語體系的一種不足。

二

"一國兩制"香港實踐是成功的，香港作為中國特別行政特區的獨特性充分彰顯，卻未必需要一味地通過淡化"一國"、凸顯"兩制"來證明。

很多人的認識誤區是："一國兩制"在香港，通過香港不變的資本主義制度和生活方式來體現更具說服力；如果強調香港與內地的協同性，強調香港與國家的同頻共振和相向而行，不能將"香港的獨特性"置於"兩地的一致性"之上，"一國兩制"就失去了光彩。在"一國兩制"可能的"變形走樣"問題上，香港社會及國際社會的一貫認知，並不是"兩制"凌駕於"一國"的問題，而是"兩制"相比"一國"不能優先的問題。

外部有此認識，並不奇怪。奇怪的是，我們自己有時候也常常在這個問題上犯糊塗、不自信。總說香港特有的東西，總在用"香港的獨特性"證明"一國兩制的成功"，並且總是用兩地的區別佐證香港的價值。但"一國兩制"本身就已說明了香港的獨特性。鑑定"一國兩制"是否成功，出發點和落腳點都是香港回歸祖國、融入國家。或者可以說，香港在融入國家發展大局上，越全面、越順暢、越徹底，越能證明"一國兩制"的成功，而保持距離、凸顯差異、宣揚不同，恰恰背離"一國兩制"方針的根本設定。

香港的獨特性是必然的，有政治保證，受基本法保護，屬國家的大政方針，不會變、不能變、不應改變。現實問題是，保持香港的獨特性是共識和事實，全面落實"一國"原則卻屢屢受干擾，尚有制度上、文化上的欠缺。而制定實施國安法、完善特區選舉制度，正是香港回歸二十三年後再進行的基礎建設，是早該有的行動努力，是香港"一國"實踐相比"兩制"實踐嚴重滯後的補護工程。

香港回歸以來的歷史已經反覆證明，"兩制"不會變形走樣，"一國"卻會。香港過往那些大大小小的政治風波，以及直到今天仍在頻繁發生的"香港事故"，都與"一國"建設的力度、節奏、方式、內容有關。"兩制"在香港回歸前早已存在，在"兩制"基礎上推進"一國"建設，才是"一國兩制"香港事業的核心任務和根本使命。"一國"不穩，"兩制"難寧。

在香港社會、國際社會，對於香港的認知，對於"一國兩制"

香港實踐，唯有"一國"進入常識層面，化作世界公理，成為社會倫理，香港才能徹底擺脫"一張牌"的"籌碼"屬性，有效消除本地社會紛爭的"易燃"屬性，才能真正從國際政治鬥爭的漩渦中解脫並平穩下來。在"一國兩制"話語體系中，在"香港"面前疏於提及"中國"二字，正是香港回歸二十五年有餘卻依然不能塑造特區新認知的主要原因。

三

"國歌錯放事件"，接二連三，理由千篇一律，都是不知道"the Hong Kong national anthem"，只好去 Google 檢索被誤導所致。

民間講"香港國歌"，甚至官方有時候也講"香港國歌"，不出事才怪，不給人理由才怪，不被人利用大做文章才怪。哪有什麼"香港國歌"？只有"中國國歌"！"國歌錯放"事件是外部事故，又何嘗不是香港話語體系的問題？！

有人會說，內地也說"我們大東北""我們大河南""我們廣東人""我們山東人"，為何香港不可以，卻非要使用"中國香港"一詞呢？這是明知故問。無論東北、河南，還是廣東、山東，多少次單獨提出都不會引起誤解，都沒有發生過認知錯亂的問題。而一貫說"香港"，不說"中國香港"，是因為香港長期離開祖國的歷史和回歸後相關工作的不足，讓香港社會長期只知道香港、不知道中國香港，更讓海外世界把香港與中國並列，沒有認識上一地歸屬一國的習慣和自覺。

海外，絕少人會說"中國香港"；本地，說的也都是"我們香港"。當香港體育代表隊參加國際賽事的時候，參賽隊說要奏"香港國歌"，主辦方去檢索"香港國歌"，在 Google 給出錯誤資訊的情況下，將 "港獨" 歌曲當國歌播放，正有了其可以成立的邏輯。

修正自己，總比修正別人容易。而香港，有這種修正的意識嗎？有在應對事故、透視現象之後，想到話語體系的問題嗎？有認領香港要繼續完成塑造各方認知，及塑造世界對中國香港的表達習慣和話語模式的使命任務嗎？如果自己不分內外、口口聲聲都是 "香港"，又何以在別人的認知體系中植入 "中國香港" 的概念？如果自己都說 "Hong Kong national anthem"，何以讓別人去檢索 "China national anthem"？

況且，這遠不只是停留在話語體系上的問題。因為這個問題：1. 香港正頻繁 "出事故"，或者說被人頻繁利用這一點，順著自己的話語邏輯打香港的臉；2. 在認知模式和表達習慣沒有徹底改變的背景下，讓香港的主流價值觀建設失去基礎，"人心回歸" 工程變得困難。

這些都是基本概念問題，好比數學上的 123，電腦代碼中的 0 和 1。如果它們有問題，必然是 "針尖大的窟窿漏過斗大的風"，正是香港回歸二十多年後 "香港國歌" 這一偽概念還存在的原因。

近幾年，香港止暴制亂、由亂到治，大批反中亂港分子潛逃海外。香港內部的社會政治環境發生了大的變化，外部政治環境則因為潛逃在外的人逐漸具規模，變得渾濁起來。他們正利用這些話語體系上的問題，利用香港社會熟知的那些表達習慣，在海外製造事故，向本地倒灌矛盾，有了更多在外興風作浪、尋釁滋事的行為。

"國歌錯放事件" 頻繁出現，或許只是一種苗頭。其凸顯的，還是 "一國兩制" 香港事業話語權之爭。重塑 "一國兩制" 香港事業的主流話語體系，建設權威性公信力，把握主導權、主動權，才是解決此類事件的根本之道。

四

由亂到治後，香港開啟新篇章。特首李家超一直強調要"講好香港故事"。無疑，"講好香港故事"，於香港這個國際大都會而言，最重要的是向國際社會宣講。

"講好香港故事"，就是要"講好'一國兩制'香港實踐的故事"，最終還是為了"講好中國香港故事""講好中國故事"。而少出"香港事故"，無疑又是"講好香港故事"的基礎。

經歷近期這些事，特區各方應該有了教訓：在國際社會要"講好香港故事"，強調香港的獨特性可能恰恰適得其反；如果"中國香港"四個字在國際社會立不起來，刻不進世人的頭腦，這種"獨特性"反而會轉移焦點、扭曲主題、引發爭議、製造衝突，讓香港頻繁被審視而不是被讚賞，讓香港總是被質疑而不是被肯定。"一國"的和諧、兩地的交響，"兩制"之下"中國內地"與"中國香港"的齊頭並進、相向而行，才是消除外部誤解、打擊外部勢力、塑造外部認知的法門。

正如本文開頭所言，香港話語體系的問題不是淡化獨特性的問題，而是刻意強調獨特性的問題；不是"兩制"論述不足的問題，而是"一國"論述不夠的問題；不是口必稱香港不對的問題，而是口不稱中國香港成習慣的問題。正是這些問題和習慣，讓內部木然，讓外部錯亂，讓"一國兩制"成功與否的評判權陷入被動，讓與香港有關的事情變得複雜敏感、事故頻發。

"一國兩制"，"求同存異"，求同在前、存異在後，這一認知邏輯和表達邏輯不能改變。改變了，"一國"原則就總會面對挑戰，"兩制"就總會被附加政治屬性。香港的"獨特性"很寶貴，但其"獨特性"如果不是建立在與國家的"協同性"上，香港的這一優

勢也就失去了基礎，失去了舞台。在"一國兩制"香港事業話語體
系中，將"一致性"和"協同性"放在前面，"獨特性"和"差異性"
的功能價值才能充分彰顯。

　　改變香港的話語體系，把對外"講好香港故事"變成"講好中
國香港故事"，才不會授人以柄，才能傳遞出香港有"背靠祖國、
聯通世界"最大優勢的信息，才會少出"香港事故"，在政治上少
被人做文章、鑽空子。"一國兩制"香港事業話語體系和話語權這
一課題，需要香港重視，需要各方確立這樣的認識：對於香港，
她"中國特區"的屬性越明晰，她在世界舞台上的獨特地位才會越
醒目。

香港不在大灣區？

一

　　粵港澳大灣區，包括香港特別行政區、澳門特別行政區和廣東省廣州市、深圳市、珠海市、佛山市、惠州市、東莞市、中山市、江門市、肇慶市，即所謂的"9+2"。2019 年 2 月，中央印發了《粵港澳大灣區發展規劃綱要》。《綱要》開篇第一句，就界定了大灣區的城市範圍。

　　這些城市在《綱要》裏的排序，不是"先粵後港澳"，而是"先港澳後粵"，即不是慣稱的"9+2"，而是"2+9"。香港確實在大灣區裏，而且在中央擘畫的大灣區發展藍圖中，佔據"主角"C 位，被推到了領跑的位置。

二

　　香港在大灣區裏不是問題，問題是將在香港發展等同於在大灣區發展。這些年來，關於大灣區建設，香港社會一直有的迷思是：

　　1. 香港與深圳、廣州是競爭關係而非競合關係；2. 更多是香港支持廣東，而非廣東支持香港；3. 香港會把更多資源投放到內地，而不是內地將更多資源投放給香港；4. "2"相比"9"，人均 GDP

大幅領先，社會平均工資也數以倍計，香港人到廣東去發展屬於
"人往低處走"；5. 香港走向國際比走向內地更為重要和迫切。因此
認識，有此觀點——大灣區不是香港的主場。

在香港的反對派眼裏，大灣區建設則更附有"陰謀論"了：

——認為大灣區建設是政治上的統戰手段；

——認為大灣區建設要擦除"兩制"的差異；

——認為大灣區建設屬香港對內地的援建。

正是因為這些迷思和抹黑的存在，香港社會少數人產生了不必
去灣區發展、不好去灣區發展，甚至不敢去灣區發展的觀點。

三

2022 年 10 月 18 日，香港特區政府保安局局長鄧炳強在電台
節目中表示："對於在修例風波判刑的香港年輕人，刑滿釋放後可
安排到大灣區工作或實習。"對這番話，香港媒體的報導標題直接
變成了"鄧炳強安排反修例囚青到大灣區工作"。香港真是幸虧沒
有了某水果報。不然，以它們煽火點風的能耐，估計又要發起一場
新的"反送中"運動了。實則，鄧炳強說此話還有前言。他表示，
那些入獄的年輕人此前大多對內地認識不深，甚至沒有去過內地，
但通過向他們講述中國五千年歷史和近年經濟發展，部分人看法
完全改變，希望到內地發展。真相是：不是鄧炳強要送他們去大灣
區，而是人家自己想去大灣區。而通過鄧炳強講的這一想法、這一
事例，能看出那些迷思和"陰謀論"的現實土壤：

1. 香港很多年輕人不了解內地，甚至沒去過內地；2. 不是香港
年輕人不想去內地，而是他們的聲音被埋沒；3. 那些想去內地發展
的年輕人，還缺乏支持和支援。

　　擴展其認知，啟動其意願，了解其興趣，提升其才能，搭建其橋樑，開拓其空間，香港年輕人想去大灣區、敢去大灣區、能去大灣區的發展風氣，未必不能流行開來。

四

　　香港就在灣區之中，如果能在香港有好的機會、好的平台、好的發展，香港的年輕人自然可以選擇留下，選擇在香港連接灣區和內地。立足香港工作，統籌灣區資源，把握國家重大戰略實施的發展機會，同樣是投身大灣區建設，同樣是融入國家發展大局。在香港工作也是在大灣區工作。

　　但現在談論的"到大灣區發展"，有特定含義：

　　1. 在整個大灣區內把握機會，而不是局限於香港；

　　2. 在大灣區內尋找新機會，突破傳統的發展視野；

　　3. 發現大灣區裏更好的機會和更大的平台，最優化職業路徑。

　　"到大灣區發展"，是指出香港現在經濟社會存在客觀上的發展瓶頸，社會新增就業機會、行業選擇空間及職業發展潛力有限，而大灣區建設方興未艾，可以給香港年輕人更多的機會、更多的選擇、更多的比較、更多的想像，讓他們在香港別無選擇的情況下不至於在一棵樹上吊死，在被天花板壓制的時候不至於再無出路、窒息了希望。

　　香港前特首梁振英說："香港經濟結構狹窄，不足以讓所有香港人可以找到發展機遇，有些專業在香港也無法學以致用。香港人不了解、不考慮在周邊城市的發展機遇，會成為小街坊小麻雀。"這就是為什麼呼籲香港年輕人去大灣區發展的一個理由。不是一定要去，而是可以去；不是要送年輕人去大灣區發展，而是提醒年輕人也能到大灣區發展；不是去大灣區發展就是政治正確，不去大灣區發展就是故步自封、沒有覺悟。香港是開放自由的，大灣區也是開放自由的，在這裏或在那裏沒有衝突，有的只是對形勢和機遇的判斷、對自己和時代的把握。

五

　　大灣區與香港，一如香港與國家，命運與共。

　　大灣區發展是國家重大戰略、世紀工程，國家正加速推進，提供了一些政策上的支持，2021 年又出台了包括前海、橫琴及南沙在內的改革開放方案。其對香港的意義，就是窗口再打開、機遇再豐富、空間再拓展。在這個重大戰略的藍圖上，每個人都可以出現，也可以不出現。但出現即意味著新的可能，不出現就一定意味著放棄了這種新的可能。即便出現了，也得有能力去把握它，在裝備好自己的前提下去駕馭它。

　　2022 年 10 月 19 日，李家超發表任內首份《施政報告》。《報告》有關青年的章節中提到：“政府會恆常化‘大灣區青年就業計劃’，推動參與企業聘請和派駐香港的大學畢業生到大灣區工作，以及繼續透過‘青年發展基金’兩個資助計劃，為香港青年提供大灣區創業支援及孵化服務，協助他們解決創業初期的資本需要。”特區政府此舉，即是為香港青年到灣區發展做裝備。

　　香港社會及香港青年要明白的是，大灣區需要的是人才而不是人口，要做的是包容而不是收容，到大灣區發展，絕不是“下鄉”。

六

香港屬於大灣區，大灣區也屬於香港。

《粵港澳大灣區發展規劃綱要》將香港推為灣區中心城市和"主角"，香港也應該在大灣區建設上有"主人翁"意識。香港回歸二十五週年時，國家主席習近平對特區政府說：要引領青少年深刻認識國家和世界發展大勢，增強民族自豪感和主人翁意識。要幫助廣大青年解決學業、就業、創業、置業面臨的實際困難，為他們成長成才創造更多機會。

大灣區的功能價值，在於為香港開拓發展空間，也在於為香港廣大青年解決"四業"上的實際困難。選擇先行還是後進，選擇開拓還是固守，選擇弄潮還是觀望，一直以來，都由香港每個年輕人自主決定。

行政主導的邏輯

2022.10.26

一

憲制秩序不彰，行政主導不能，是香港過去風波不止、形勢總是波詭雲譎的主要原因。

制定實施國安法，完善選舉制度，憲制秩序重新鞏固確立。得益於"愛國者治港"原則的有效落實，香港"三權分置、行政主導、司法獨立、行政長官代表特別行政區向中央總負責"的政治體制也終於恢復"默認設置"狀態，實現了正本清源。香港行政主導的力量正在呈現。

二

挑戰特區政府政策，是香港社會常見的現象。

過去，反對派"為反對而反對"，對港府任何施政舉措都要踩上一腳。其試圖為社會塑造的觀感就是港府"一無是處"，那時候挑戰特區政府，大多出於政治操作，屬於政治傾軋，嚴重到近乎"政治正確"的地步。

由亂到治後，香港基本的政治秩序、法律秩序、社會秩序撥正，但政治生態和社會風氣上的沉疴積弊尚未完全消除。行政主導有了保證，但不少人的心理調適尚未完成，習慣性挑戰特區政府，仍然是香港不時發生的現象。

只是這個時候，因為香港整體環境的變化，挑戰特區政府的任何舉動都變得 "小心翼翼" 起來。不管有沒有政治動機，挑戰者都必須要給這挑戰披上一件 "維護法治" 的外衣。

三

從推動香港良政善治的角度看，現在的這些挑戰在規則下發生，有其有益的一面，甚至可以是一種展示 "何為行政主導" 的機會。

它們可以修正港府施政上或有的粗糙，推動港府進一步優化決策機制；提醒港府保持一貫的敬畏和謙卑，不因重拾行政主導而倨傲；並通過這些挑戰所暴露的問題，提升依法施政的水平，促進法律體系的完善，證明行政主導與法治是並行不悖且相得益彰的。

也就是說，港府如今遭遇的這些挑戰，可能刺耳，或許讓人不適，甚至一些仍然有反中亂港勢力伺機反撲、頑固對抗、尋釁滋事的影蹤，但特區政府應該從容地面對這些挑戰、駕馭這些挑戰、化解這些挑戰，用智慧利用這些挑戰進一步確立自己的權威。

只有這樣，香港的行政主導才能真正把握主導權和主動權，而香港社會對挑戰政府的認識才能真正回歸理性，回到監督層面，放下過去的虛妄與偏見，重新認識行政主導，真正接受行政主導。

四

面對挑戰，是被動應對還是主動應對，是堅持行政主導還是不能堅持行政主導，效果大不一樣。行政主導是體制設定，體現為現實卻不是必然的。

香港行政主導的體制，不是香港國安法實施後才有，而是在基本法起草時就有了這一設定，在香港回歸後就可以付諸實踐。然而，要實現行政主導，必須具備三個條件：

1. 政治基礎可靠；

2. 行政長官擔當；

3. 特區政府有為。

過去，行政主導不能，正是因為政治基礎不好，行政長官和特區政府有心無力。今天，愛國愛港者上位，反中亂港者出局，政治局面大為改善，行政主導有了基礎。但行政主導要真正發揮作用，轉化為特區政府的生產力，仍然要重視另外兩個條件的達成。就像這次李家超作出的表態、展開的行動一樣，為自己的決策擔當，為執行的官員擔當，為防疫舉措擔當，為公眾利益擔當，為行政擔當，為司法擔當。

此外，避免這樣的問題和爭議，更需要整個特區政府和管治團隊有為起來：

1. 優化決策程式，不要因為施政環境改善了，就草率行事、粗糙任事；

2. 強化法治意識，不要因為行政主導確立了，就輕視立法、疏忽漏洞；

3. 重視應對輿情，不要因為社會風險可控了，就不做預案、不屑回應。

如此，特區政府才能在行政主導中始終挺直腰桿，才是提升了治理能力和管治水平，也才不會給別有用心的人以口實，不給他們繼續挑戰特區政府的機會。如此，特區政府也才能貫徹落實二十大報告精神，在今後破解經濟社會的深層次問題上，在未來風高浪急的時候，從容面對更大的挑戰。

香港，愛國的正確姿勢

———— 2022.10.01 ————

一

護旗方隊邁著正步入場，升國旗、奏國歌，人們肅穆敬禮，直升機掛著國旗在天空飛過。一年一度國慶日，香港在慶祝。

早早地，維港兩岸點亮國慶標語，大街小港紅旗飄揚，塗滿中國紅的巴士、叮叮車在城市穿行，節日的氣氛自然散開。有整齊劃一，有繽紛呈現，有官方儀式，有民間活動，有集體行動，有個體創意，在國慶日表達愛國、宣揚愛國，香港正展現出更多的自覺和真誠。這是香港由亂到治的景象。

二

掛在空中、拿在手裏、放在心上，對待國旗的鮮明態度，慶祝國慶日的現實場景，定義著香港社會的愛國情懷。

特區保安局局長鄧炳強在社交媒體發帖說，國安法頒佈實施後，我們得以自由表達愛國情懷，看到香港到處國旗飄揚，心情飛揚，分外感慨。

在香港，當"想說愛你不容易"成為歷史，愛國者挺直了腰桿；當每年的國慶日不再有示威遊行，紅色成為街頭最鮮亮的顏色。愛國——這一樸素的情感、這一精神的需求，終於開始在陽光下從容地流露出來，彰顯著並繼續感召著香港的轉變。

　　沒有什麼時候，比在國慶日表達愛國情更為自然；沒有什麼時候，香港像今天一樣從容吐露著她的家國情懷。走出了迷茫，走對了道路，走向了確定，進一步從"愛國者治港"的政治局面走到"愛國愛港型社會"，這就是香港的形勢、情勢和趨勢。

三

　　是否愛國，是一個大問題。

　　於一個人，不愛國就難以在社會中融洽發展，難以尋求內心的自洽。於一個地方，不愛國就難以擺正自身的位置，難以達成政治的穩定和社會的和諧。

　　反思香港二十五年的回歸史，人們可以發現這一基本的邏輯：不愛國，事事都有不對；不愛國，處處都有衝突。當"愛國者治港"出現問題，愛國愛港陣營的力量不夠強大，一個政府會喪失它基本的權威，變得脆弱不堪；一個社會會瓦解它發展的基礎，出現各種信任危機。不愛國，更會將這一問題從道德和倫理層面，推向政治和法律層面，成為政治對抗、社會動盪、法治決口的主要致因。而非法"佔中"、旺角暴亂、修例風波，香港曾經發生的一系列重大政治危機、重大社會危機、重大法治危機，都源於此，源於反中亂港勢力對國家的敵視，源於"一國"原則沒有擺到"兩制"的前面，源於一些人的不愛國。

　　香港的這些事實所昭示的就是：愛國，才是政治清明、社會穩定、法治文明最大的一塊基石。

四

在歷史的實踐中，香港一直定義著她愛國的方式，也必須清楚地定義她愛國的方式。

愛國主義是具體的，不是抽象的；是生動的，不是空泛的。"一國兩制"下，愛國需要建立一個正確的認識，表現為一種基本的尊重，拿出一些實際的行動：要愛的是中華人民共和國；要尊重和維護國家的根本制度；要在內部外部的反中亂港勢力面前有鬥爭精神。

愛國是愛歷史的中國，也是愛現在的中國；是愛中國的傳統文化，也是愛中國的現代文明。那些拋離現實的愛國，甚至對現實的中國抱有敵意的所謂"愛國"，恰是香港多年來最大的迷思，是不少香港市民幾十年來不斷被欺騙、被利用、被煽惑的思想禍根。

現實的才是有益的，具體的才是真切的，不立足於當下的愛國，一定是消極的、被動的、虛妄的、輕浮的，一定會陷入歷史的悲情和文化的困局中，既不能與時代同步，也不能與自己和解。

五

從自覺地熱烈地慶祝國慶開始，香港的進步有了信度，香港社會的覺醒有了質量。

形勢大開大合，局面大破大立，由亂到治的重大轉折已然發生，一切都已不可逆轉。知所趨赴、有所敬畏，愛國有理、愛國者有力，香港才會真正跨入下一階段，書寫由治及興的新篇章。

"清澈的愛，只為中國。"良政善治新局面、繁榮穩定新篇章，都需要香港各方打開心胸、提升格局，需要香港社會看清主線和主流、認清趨勢和大勢，以對國家更理性的認識和更純粹的情懷，安放自己，發展自己，成就自己。

五星紅旗將一直飄揚在這裏，《義勇軍進行曲》還會不斷奏響，國安港安，家好國好，香港的命運與國家的命運，就是這樣興衰與共，永遠不變。

由治及興，
香港必須築牢社會文明的 "堤壩"

2022.09.30

一

　　政治文明幾近荒蠻、社會文明高度發達，這是過去人們對香港的判斷。

　　一場修例風波，暴露了香港的問題主要是政治問題，中央進而履行全面管治權，精準施策並綜合施治，推動香港止暴制亂、由亂到治。完善選舉制度，整肅政治秩序，確立政治倫理，淨化政治生態，香港今天的政治格局發生了 "巨變"。

　　在反中亂港勢力基本出局後，香港政治層面的問題由整體性轉為局部性，由群體性轉為個體性，由理念性轉為技術性。一些尚存的問題——治理方向問題、施政能力問題、隊伍建設問題等，現在都已被納入確定性的軌道中，都可望在一種確定性的路線中得到解決。

　　歷經三年多的努力，香港走向政治文明的基礎終於夯實了。

二

　　社會文明則不同。

　　對於香港的社會文明，人們歷來讚譽有加，認為這裏有法治正

義、公序良俗，有一個國際大都會和發達經濟體最典型的物質上和
精神上的富足。除了那些曾經與政治深度黏連的部分——異化的媒
體、扭曲的教育及各種固化已久且傲慢的既得利益行業外，香港總
體呈現了一種現代社會的文明氣象，令人神往豔羨。然而，這是香
港的現實，卻不是香港現實的全部。實際上，經歷二十餘年各種大
小風波的侵襲與感染，香港原有政治問題的遺毒早已向社會各方面
蔓延，潛伏在社會的各領域，深度影響了這裏的方方面面：

　　——法治精神遭受了衝擊。僅非法"佔中"和修例風波所涉及
人數就達上百萬，太多人曾經走到了法治的對立面，有過突破禁區
的"歷史"，並由此對法律的敬畏有所鬆動，對執法者及司法者少
了尊重；

　　——社會關係遭到了破壞。因為長久地被煽惑、被裹挾，不少
人走不出對香港畸形的"文明舊秩序"的心理依賴，陷在一種沉重
的疲憊的認知誤區中不能自拔，與變遷的時代、變化的社會格格不
入，總有衝突感和焦慮感；

　　——文化供給遭遇了空窗。打破舊秩序、建立新秩序，必然帶
來社會基礎的深刻調整。在此過程中，舊的多元嘈雜對抗的主流文
化解構了，新的多元共生和諧的主流文化尚未穩固。因為與"一國
兩制"相適應的主流價值觀建設還在路上，還未真正形成氣候，社
會上還有迷茫和逡巡、不安和躁動。

　　守護法治文明、推高信任基礎、重塑文化自信，正是香港走向
由治及興階段繞不開的課題。

三

　　社會文明不是必然處於一直進步的狀態，政治文明的進步也並

不必然帶來社會文明的自動升級。

近些年，香港社會所暴露的問題，具集中性、普遍性和深層次性，都不是靠幾次單純的執法司法、行動就能夠全面徹底解決的。

——作為法律工作者的大律師公然喊出"案底令人生更精彩"的口號。

——作為教育工作者的老師公然在課堂上歪曲國家和民族的歷史。

——作為政府工作者的公務員公然組織非法集會煽動社會對抗。

——作為宗教工作者的大主教公然走到反中亂港活動的第一線。

修例風波後，這些問題表面上得到了緩解，實際上不可能猝然消失，都或以一種"靜默"的方式繼續存在著。並且，社會上還暴露出一些新的風險和問題。

——社會秩序可能的錯亂

反中亂港勢力的出局和傳統反對派的退場，使香港原來的社會運行機制開始變軌。制度供給、力量供給上的結構性變化，帶來了社會服務局部供應上主體缺位和體量不足的問題。

1. 曾經被反對派所佔據的陣地空出來了，但建制派未必真正站上了這些陣地；

2. 曾經被破壞扭曲的社會運行規則失效了，但新的社會運行規則未必健全並發生作用。

香港由亂到治，實則還面臨再造社會運行機制的任務。重建並織密香港社會的運行網絡需要一個過程，在此過程中，因為社會服務供給不足夠、不及時，必然有一些社會亂象產生。

——社會活力可能的衰減

社會的重大轉折，一定是劇烈的；實現香港社會政治大局的真正穩定，必須要矯枉過正。大破大立中，一些人會不可避免地變得小心謹慎起來，因為適應不夠、跟進不快，生出了緊張感。

這方面的問題多有表現：

1. 對著力保障"五光十色"的新選舉制度認識不足；

2. 對著力維護繁榮穩定的香港國安法"反應過度"；

3. 對著力打造有為政府的新管治團隊存有偏見。

香港必要的緊張和嚴肅，都是為了香港的團結和活潑。認識不到這一點，人們的政治參與熱情就不能提高，生產經營活動就傾向保守，日常生活中就難以感受真正的歲月靜好，香港社會的活力就會衰減。

——社會取向可能的偏差

完善新選舉制度、"愛國者治港"成為香港社會共識；不能觸犯國家主權、安全和發展利益，也已成為每一個香港市民心中的紅線。而政治覺悟的提升、政治能力的建設、政治素養的成熟不會一蹴而就，社會實踐中難免出現偏差。

1. 跟風虛而不實的"表態文化"；

2. 講求似是而非的"政治正確"；

3. 逃避刀刃向內的"自我革命"。

甚至有些人繼續以"守住"香港的"泛政治化"，轉移推進社會改革的注意力，否定破除利益藩籬和深層次矛盾的必要性，打壓廣大市民最基本、最迫切的發展訴求。

取向問題關乎施政方向，關乎社會主流價值觀的建設。取向出了問題，社會文化就有另類、異化的可能，真正的民意就會被扭曲。

四

　　法治文明是社會文明之基。築牢香港社會文明的堤壩,最根本的還是要守住香港的法治文明。事實是,因為近些年反中亂港勢力頻繁挑釁法律、破壞法治,香港的法治文明遭受了巨大的破壞,並在社會層面產生了不良思潮、負面影響,深度衝擊了香港的法治精神。

　　為了維護香港的法治秩序,中央一方面履行全面管治權,推動特區建立健全維護國家安全的法律制度和執行機制,堵上了法律的漏洞;另一方面,支持特區相關各方依法採取執法、司法行動,加大相關法律宣傳教育,防範、阻止並懲治違法犯罪者。

　　然而,香港政治上和有關國家安全的違法亂象已經外溢,長期受反中亂港勢力思想上的荼毒和煽惑,以及曾經參加非法集會遊行的經歷,已經讓一些市民的法治觀念有所弱化,並在社會其他領域中時有浮現。毫無畏懼、不遺餘力地捍衛香港的法治文明,應當在香港由治及興中被視為管治工作關鍵中的關鍵。

五

　　中央著力維護香港的獨特地位和優勢,而社會文明正是香港獨特地位和優勢的重要構成、直接呈現。

　　國慶日前夕,香港到處掛起國旗,到處洋溢著喜慶的氛圍。國旗從一面到一片,懸掛國旗從被動到主動,彰顯著香港政治文明的進步。對於香港的社會文明,人們也有這樣的期許:保持它的有序,包容它的多元,迸發它的活力,體現它的進取,讓中國香港繼續成為世界東方最富獨特魅力、最具浪漫風采的一個城市。

人心建設，使命未達

2022.09.13

一

2022 年 9 月 11 日，香港特區政府保安局局長鄧炳強在電視節目中表示，涉及修例風波案件被檢控人數達 3000 人，其中 2000 宗已審結，有八成人獲罪，其中又有 700 人涉及暴動罪。他說，與黑暴有關被判囚的人士中，有六至七成人有表達深感懊悔。

香港紀律部隊最高首長的這番話，說明了香港國安法實施前後止暴制亂、撥亂反正的重大成就和重要進展，實則也透露出香港社會某些顯性的或潛在的問題：

1. 從 2019 年 6 月 9 日至 2022 年 6 月底，涉及修例風波被捕人數達 10278 人，官方起訴的案件尚有 1/3 沒有完結，這場災難曾經給香港造成的苦痛，還在視線之中，還會持續揭開；

2. 數百人脫罪，23% 的案犯犯暴動罪等相關罪行，修例風波體現的社會撕裂深刻且劇烈，深遠且廣泛（另據香港警方最新數字：修例風波中被捕學生達 4010 人，佔總被捕人數 39%，當中 1166 人已被檢控）；

3. 三到四成已獲刑的案犯，沒有或缺乏悔意，沒有表現或表達悔意，推動反中亂港分子更生乃至社會更生的任務仍然艱巨。

在"羊村繪本案"法庭上，面對被告表現出來的冥頑不化，國

安法指定法官郭偉健說："聲稱香港與中國分離，道德上也是錯誤
的。"他反問被告："你們何時可離開自己思想的牢籠？"

　　歷史遺留的問題、人心尚有的迷思，還在表面上不時浮現，在
深層中不斷發酵。達至法治的完全、社會徹底的反思、民眾真正的
自警自覺，香港的努力仍處現在進行時態。

二

　　英國女王伊莉莎白二世去世，香港大批民眾到位於金鐘的英國
駐港總領事館弔唁。英國駐港總領事館外鮮花滿地，有人現場痛哭
流涕，下跪禮拜。一度，前來弔唁的市民更排成長龍，需要等待四
個小時才能進入領事館。

　　對國家的事務缺乏關注甚至毫不關心，對異族的君主愛戴擁護
甚至頂禮膜拜，愛國情懷相比被殖民文化的不足，人心回歸相比形
勢發展的緩慢，都折射出香港在法治秩序、政治秩序、社會秩序由
亂轉治後，亟待在更深層次的思想層面完成全面的更新。

　　國家主席習近平在慶祝香港回歸祖國二十五週年大會暨香港特
別行政區第六屆政府就職典禮上的講話中指出：希望全體香港同胞
大力弘揚以愛國愛港為核心、同"一國兩制"方針相適應的主流價
值觀，繼續發揚包容共濟、求同存異、自強不息、善拚敢贏的優良
傳統，共同創造更加美好的生活。

　　問題是，香港當前塑造主流價值觀的社會性障礙還有不少：

　　——香港的街道，多以殖民者命名。這本是歷史的產物、對歷
史的記錄，沒有必要因為要去殖民地化而全部更名。但有媒體人指
出，類似"伊利近街"這樣以下令焚燒圓明園的侵略者頭目冠名的
街道，是不是應該調整？

　　——香港自 2008 年推廣"普通話教授中文科",香港語言協會"語常會"在 2015/2016 學年調查發現,有逾七成小學實行"普教中",而近日香港"有線新聞"統計發現,目前則只有 44% 小學實行"普教中",中學更下跌至不足兩成。

　　被荼毒的思想還有殘餘,應推廣的教育反而收縮,要確保香港長期繁榮穩定,必須正視這些問題、重視這些方面,必須在建立健全制度體系之外,用有效推進的主流價值觀建設,真正再造並夯實香港的社會政治基礎、社會思想基礎。

三

　　安定的局面不會一勞永逸,健康的社會不會一朝形成。

　　無論是某些在囚人士的傲慢、某些法庭嫌犯的不恭,還是某些社會人士的迷思、某些社會領域的僵化,最根本的都在於香港"人心回歸"的問題。

　　2020 年 7 月 8 日,中央人民政府駐香港特別行政區維護國家安全公署揭牌儀式在香港舉行,駐港國家安全公署正式成立並運行。當時,香港工聯會會長吳秋北在社交媒體上感慨:"這是歷史性的一刻,標誌著香港後國安法時代、'二次回歸'的開始。"

　　"二次回歸",就是"人心回歸";"人心回歸",才代表著香港全面的、徹底的、真正的回歸。問題是,何以為之?

四

　　實現人心回歸,至少有以下工作要做:

　　——使人有敬畏、有信仰

經歷長期、多次的社會動盪，看到重建香港法治精神的長期性，認識到維護國家安全、主權、發展利益，嚴格依據香港國安法執法、司法，不能"適可而止"，要讓香港社會真正汲取教訓、學會反思、懂得珍惜自己和珍重國家。

要堅定不移地加強愛國主義教育，看到過國民教育"氣可鼓不可洩"的必要性、"十年樹木百年樹人"的必然性，認識到"愛國，是人世間最深層、最持久的情感"，在撥亂反正中允許一定的"矯枉過正"，治標治本，用力用情。

——使人有事幹、有奔頭

香港一度淪為"政治城市"和"新聞風暴眼"，推動社會發展的理念思潮和不少人的取向期望一度偏離扭曲。讓香港回歸"商業城市"定位，讓發展經濟民生而不是挑戰政治體制機制成為解決社會問題的主軸，使人們做正確的事、正確地做事，人心回歸所需要的社會條件才能具備。

民有所呼，我有所應。務實有為，不負人民。把全社會特別是普通市民的期盼作為施政的最大追求，讓發展成果更多更公平惠及全體市民，讓每位市民都堅信，只要辛勤工作，就完全能夠改變自己和家人的生活，人心回歸的工作才能告別被動狀態，真正開花結果。

——使人有見識、有感觸

全社會整日耳濡目染在殖民文化中，推動人心回歸的工作只會帶來"違和感"和"衝突感"。實現人心回歸，除了以民為本、為民謀利，除了堅守法治、改革校園教育、提升宣傳引導水平，還需要改善香港現有的城市面貌和文化土壤。

香港需要一套新的形象識別系統。香港的維多利亞公園無需更名，但那些以曾經的侵略者、強盜命名的街道有必要更名。香港僅有一個故宮文化博物館不夠，應該有更多帶有民族元素和國家標識的文化設施、公共場地。

香港需要一套新的語言表達體系。將普通話真正納入學生考試，將說普通話真正變成官方習慣，將普通話真正視為國家和香港的正式語言，香港社會才能真正理解中央精神和國家議題，真正理解傳統文化和民族歷史，才能真正與內地人民建立思想共鳴的連結、文化融合的紐帶、情感互通的場域，真正實現與國家的同頻共振。

習主席七一重要講話指出："我們堅信，有偉大祖國的堅定支持，有"一國兩制"方針的堅實保障，在實現我國第二個百年奮鬥目標的新征程上，香港一定能夠創造更大輝煌，一定能夠同祖國人民一道共用中華民族偉大復興的榮光！"實現人心回歸，就是感受到了這榮光；有了這榮光，就是香港人心建設的勝利。而人心回歸了，香港才可謂真正實現了由治及興。

維護國家安全的努力
不能替代治理好香港的責任

2022.07.21

對香港管治建設，要有信心，也要有督促，並避免其中一些可能的傾向：

1. 以維護國家主權、安全、發展利益的努力，淡化或替代推動香港改革建設發展的努力；

2. 以旗幟鮮明的鬥爭立場、精神和表現，懈怠或補償治理能力水平的提升；

3. 以尊崇、高舉"一國"原則為標誌，輕視在促進本地社會大團結、大聯合上的付出。

"一國兩制"的根本宗旨是維護國家主權、安全、發展利益，保持香港、澳門長期繁榮穩定。

立足"一國兩制"實踐宗旨的兩個方面，對特區政府的考核維度有兩個。這兩個維度一體構成，必須一體考慮。它們之間沒有"替代關係"，不存在"擠出效應"。對這一點的認識，實際上亟需明確並強化。也就是說，單獨地只是愛國和鬥爭，不是特區優秀乃至合格的管治者，站姿戰績和實幹實績都不可或缺。

香港的管治者，要敢於表態、勇於鬥爭，但要防範進入一種"表態文化"，更不能將"表態"視為工作的全部，視為受信任、得賞識的捷徑和竅門。還要防止以貫徹中央精神、服務國家需要為擋箭牌，動不動就拿出"尚方寶劍"處理本地自治事務，將問題簡單化，讓工作粗暴化，慣性地把本地施政的矛盾焦點轉移到國家層面。

香港，要秩序也要活力

2022.05.24

一

1937 年 4 月，毛澤東為中國人民抗日軍政大學題詞。"團結、緊張、嚴肅、活潑"八個字，自此成為"抗大"的校訓，並自此成為國內很多大學、中學、小學的校訓。

要團結，要緊張，要嚴肅，要活潑。八個字所以流傳廣泛、影響深遠，即在於其描繪出了一種良性、有序、具動能的運轉狀態、實踐氛圍、組織氣象與群體風貌，體現了凝聚力、責任心、節奏感、進取性和悅動澎湃的生命力。

香港今天，在國安法之下，在完善選舉制度之後，是否也塑造了這一局面、呈現了這種氣象，亦緊張亦嚴肅，亦團結亦活潑呢？

二

從團結說起。

團結始終是香港的大問題。或者說，不團結一直是香港問題的主要表現和關鍵致因。2020 年前，判斷香港社會是否團結並不困難。政治風波接連不斷，社會事件層出不窮，重大法律爭議此起彼伏。一些官方表述常用的字眼如"政治泥沼""社會撕裂"等，說明了一切。實則，香港問題得到解決的表現就是要促成香港的團結。

　　早在幾年前，國家領導人已正面指出了這一點。2017 年，習近平主席出席慶祝香港回歸祖國二十週年大會暨香港特別行政區第五屆政府就職典禮，他說：從中央來說，只要愛國愛港，誠心誠意擁護"一國兩制"方針和香港特別行政區基本法，不論持什麼政見或主張，我們都願意與之溝通。"和氣致祥，乖氣致異"。香港雖有不錯的家底，但在全球經濟格局深度調整、國際競爭日趨激烈的背景下，也面臨很大的挑戰，經不起折騰，經不起內耗。只有團結起來、和衷共濟，才能把香港這個共同家園建設好。

　　創作於 1943 年的軍旅歌曲《團結就是力量》為國人熟知。"團結就是力量 / 團結就是力量 / 這力量是鐵 / 這力量是鋼 / 比鐵還硬 / 比鋼還強……"不團結的香港，只能是豆腐一塊，經不起內部的折騰，也經不起外部的衝擊。

　　挖出"不團結"的病根，開出"能團結"的藥方，香港國安法與完善特區選舉制度因此出爐。譬如一場對話，香港國安法和新選制就是要解決"溝通基礎"和"交流基準"的問題。只有確立了基礎和基準，對話才有保障，具建設性，才能持續發生，讓形成共識、達至團結擁有可能性。

　　於是人們看到，國安法和新選制實施後，香港社會安靜了下來，各方都開始真正正視香港特區的憲制秩序、政治倫理與社會法律規範。妄念與盲動、煽惑分裂與製造矛盾，從此消聲遁跡、偃旗息鼓。香港特區第六任行政長官選舉，李家超作為唯一合資格參選人以 99.16% 的得票率勝出。這亦是香港社會走向團結的一個徵兆。

　　從個案團結走向普遍團結，從形式團結走向實質團結，從內部團結走向外部團結，團結在香港邁出了一步，就必將跨入一個由點到面、由表及裏的進程。

自然，團結於香港，仍面臨嚴重的供給不足問題。在團結管治團隊、團結社會各界、團結普通市民及團結其他立場政見不同的愛國者上，香港都面臨嚴峻現實、艱巨任務。在今天社會呈現的和諧局面下，香港仍然有不少被動因素和消極觀望現象，要達致真誠且廣泛的團結，香港的社會建設之路還長。

二

很多人未必真正了解香港撥亂反正的初心和用意。香港國安法也好，新選制也好，最終目的都是為了：1. 推進“一國兩制”實踐行穩致遠；2. 確保香港長期繁榮穩定。

2021 年 7 月 16 日，全國政協副主席、國務院港澳辦主任夏寶龍講話說：“中央在香港、澳門所做的一切，都是為了香港、澳門好，為了香港、澳門同胞好。” 2022 年 3 月 9 日，夏寶龍又在會見港區全國政協委員時表示，中央所做的一切都是真心為香港好，香港跟內地是一奶同胞，全國人民對香港是熱愛的，中央對香港的關懷愛護就是通過這些具體事傳遞到香港的，而不是空喊口號。

也就是說，香港國安法和新選制或有“雷霆面目”，本質上卻都是“菩薩心腸”。而中央全面準確貫徹“一國兩制”的誠意，如何有效傳遞至香港，使社會深刻體察、市民深切感知，也是香港回歸以後許久沒有解決的一個問題。

一方面，中央採取一系列撥亂反正的舉措，安定了香港，為形成一個廣泛團結的香港社會夯實了基礎；另一方面，確認鞏固的憲制秩序和政治規矩，健全完善的法律體系和社會規範，也帶給香港必要的“緊張”和“嚴肅”。如何平衡團結活潑與緊張嚴肅，使香港始終在正軌上運行又始終不乏生機活力，正是香港目前面臨的又一挑戰。

香港需要緊張有序，但不需要草木皆兵、死氣沉沉。要解決香港社會對國家安全認識不足的問題，也要解決其 "反應過度" 的問題。國安法和新選制的作用，不是讓社會從一個極端走向另一個極端，不是在消除對立對抗後製造新的對立對抗。香港的撥亂反正，就是讓香港社會恢復正常，不再有 "藍" 與 "黃" 之別，不再有 "建制派" 與 "反對派" 之分，就是確立社會的共同認識，釐清發展的統一路線。

或者說，什麼時候香港不再因黃色而敏感，不再視黑色為激進，都能在新的政治秩序、法律秩序、社會秩序下心平氣和地接納彼此了，香港才可謂真正完成了撥亂反正。

香港需要必要的嚴肅，需要尊重憲制秩序，需要敬畏政治規矩和法律規定；香港需要必要的緊張，在推動破解經濟民生問題上有緊迫感、使命感，而不應在新的法律制度下莫名焦慮，以為壓抑。

因過於敏感而嚴肅，這樣的嚴肅不是積極的而是消極的，不是有益的而是有害的；因無端揣測而過於緊張，這樣的緊張不是必要的而是無謂的，不是理性的而是荒誕的。

香港社會完全可以更 "放鬆" 一些，而香港國安法也一定可以達到讓香港社會 "受益而不覺，失之則難存" 的實施效果，真正成為這裏的 "保護神"，使人敬畏亦使人安心。

三

香港需要秩序，也需要活力。

國安法後，反中亂港組織解散，輿論生態優化，社會由亂到治，人們開啟了對香港實現由治及興的想像。因變化急劇、轉型迅速，香港社會一些人也有不適應的問題，也有少數人在媒體上製造悲情，用所謂移民潮、公務員和教師辭職潮影響公眾視聽。

移民人數確實有增加，公務員辭職數確實也不少，外資企業商會出走新加坡的現象也是事實，但香港，還是那個充滿生機、機遇澎湃的香港。離開的，不過是趨利避害。為了那些選擇留下的絕大多數，香港需要振奮精神，用再打造的良政善治，用對"五光十色"夢想的包容，用對國際社會持續的開放，賦予市民信心，賦予社會希望，賦予國際社會青睞。

香港的活力，根在"一國兩制"，利在"一國兩制"。只有在"一國"之下，"兩制"得到更好的發展，香港才是香港，"一國兩制"才是"一國兩制"。香港社會需要明白，國安法旨在守護香港的根本秩序，也是在守護香港的活力之源，提供香港繁榮穩定的確定性；新選制志在全面落實"愛國者治港"原則，也是在破解香港的發展瓶頸。香港必要的緊張和嚴肅，都是為了香港的團結與活潑。

對特區政府，不妨多一點關愛

2021.10.09

一

香港特區政府，或許曾經是世界上最"委屈"的政府。

按照"一國兩制"制度設計，香港特區實行行政主導體制，即香港政治體制並非西方概念中的"三權分立"，行政相比立法、司法，具主動和主導地位。2020 年 9 月 7 日，國務院港澳辦發言人專門就此問題發表談話，指出"關於香港特區實行'三權分立'的說法必須糾正"，明確"香港特別行政區政治體制的特點是以行政長官為核心的行政主導，基本元素包括三權分置、行政主導、司法獨立、行政長官代表特別行政區向中央總負責"。

事與願違。制度設計如此，具體實踐"走樣"。香港回歸二十餘年來，人們看到的是，行政不能主導，立法失去秩序。在反中亂港勢力和外部反華勢力長年累月的滋擾、破壞和衝擊下，行政長官的權威和特區行政機關的地位，均受到嚴重的消解。

"罵"特區政府，一度成為一種"社會風尚"。"戰戰兢兢，步履維艱"8 個字，正是對香港特區政府昔日狀態的客觀描述。

二

　　行政弱勢，肯定背離制度設計和實踐初衷。行政弱勢所導致的問題，教訓更是深刻：

　　1. 憲制秩序難以穩固。行政弱勢既削弱行政長官和特別行政區政府的管治權威，又對落實中央對港全面管治權形成阻力。實際上，這些年，反中亂港勢力正是通過製造、利用"行政弱勢"，進而實現挑戰中央權威和"一國兩制"底線。

　　2. 施政節奏難以掌控。由於特首和特區政府權威性不足、影響力受限，施政計劃難以在立法會通過，很多政策安排被耽擱；因為"議而不決，決而不行"，再好的《施政報告》也不能完全落地實施。

　　3. 管治團隊難以建強。因為不受尊重並成矛盾焦點，特區政府成為名副其實的"熱廚房"：一方面讓社會賢能之士"望而卻步"、不願加入；另一方面又讓已經加入的人置身"風口浪尖"，日日面對來自社會各方的批評甚至起底攻擊，甚至有的一上任就被搞成了"跛腳鴨"。

　　從某種程度來講，"行政弱勢"既是香港亂象亂局的表現，也是香港亂象亂局的致因。而時下人們關注的經濟民生等香港深層次矛盾和問題，之所以以前長期得不到有效破解，正是社會干擾太多、各方掣肘太甚、特區政府"有心無力"所產生的必然結果。

　　"行政弱勢"還是"行政主導"？這個問題深度影響着香港的管治局面。特區政府的"困境"與香港的"困局"高度關聯，特區政府的"振興"與香港的"復興"高度關聯。過去，香港的亂源於此；今後，香港的興也將繫於此。

三

在中國共產黨歷次全國代表大會報告和政府工作報告裏，都會有這麼一句話："堅定支持行政長官和特區政府依法施政。"中央之所以反覆重申這一點，是因為：

1. 行政長官和特區政府是香港政治體制的重要構成，其權威直接體現香港特區憲制的權威。

2. 行政長官和特區政府是確立特區行政主導體制的核心環節，其地位直接決定香港的實際運行模式。

3. 行政長官和特區政府是做好香港管治工作的關鍵主體，其作用直接影響香港的繁榮穩定。

中央對問題有準確把握，對現實也全面洞悉。完善香港特區選舉制度，打通行政長官、選委會、立法會的民意基礎，為選委會賦能就是為行政長官和特區政府賦能，就是要改變香港"行政弱勢"的局面。

馬克斯·韋伯認為，任何組織的形成、管治、支配均建構於某種特定的權威之上。適當的權威能夠消除混亂、帶來秩序；而沒有權威的組織將無法實現其組織目標。如今，香港由亂及治，正是因為權威已然確立。

四

香港已經實現由亂及治的重大轉折，行政主導的局面正在良性發展。但特區政府的"委屈"問題就此解決了嗎？未必。撥亂反正後，隨意批評特區政府、甩鍋特區政府的問題仍然存在，而且還可能有新的表現。

隨著反中亂港勢力被剷除，香港社會的主要矛盾已經發生變化。原來，社會政治生態不良，敵我鬥爭是主線，行政長官和特區政府揹負著沉重的政治壓力，面對著嚴峻的施政局面，不可避免地成為反中亂港勢力打擊的對象、社會的矛盾焦點。而此後，社會政治基礎逐漸夯實，發展成為主題，內部矛盾彰顯，行政長官和特區政府又要揹負起破解香港深層次矛盾和問題的重任，又將不可避免地因衝破各種利益藩籬經受質疑、遭受阻力。也就是說，固然香港站上了新的歷史起點，但行政長官和特區政府所面對的批評和指責仍然不少。固然這些批評和指責，相比反中亂港者曾經的污蔑攻擊，性質上迥異，但因此給行政長官和特區政府帶來的"委屈"，未必會讓他們感到更輕鬆。

過去是矛盾焦點，現在還是矛盾焦點，這就是特區政府面對的真實局面。

五

中央之所以在重要報告中反覆重申"堅定支持行政長官和特區政府依法施政"，就在於他們作為一個政制構成，必須重視；他們作為一支管治團隊，必須信任。

因為歷史傳統、制度慣性和舊有行為模式的影響，特區政府在具體施政上固然有一些理念、意志、方法、行動方面的問題，但這些問題可以有更好的辦法幫助他們改進提高、優化完善。動不動就懷疑其立場、質疑其動機，動不動就給他們扣帽子、作批判的做法，需要拋棄。

批評，則作善意的批評；問責，則作具體的勸誡。監察監督政府，自己也要有建設性，而不是凡事甩鍋、無限施壓、一味斥責。

對待行政長官和特區政府，不妨多一些理解和關愛，看到他們的問題，也看到他們在努力、在成長的一面。

　　畢竟，在管治香港上，行政長官和特區政府負直接責任和主體責任。堅持"一國兩制""港人治港"，要辦好香港的事，最終還得靠他們。維護行政長官和特區政府的權威，也是"港之大者"。

剖解三個"問題"，
給香港選舉"降降壓"

2021.09.13

一

因亂港勢力的破壞與干擾，香港選舉亂象存在久矣。視選舉為政治對抗，參與選舉的初衷不是為了參政議政、服務市民福祉，而是為了排除異己、擴張政治力量；視選舉為政治工具，參與選舉的努力不是為了體現並彰顯民意、凝聚社會共識，而是為了分化和撕裂民意、加劇社會內耗；視選舉為政治表演，參與選舉的過程不是真誠的、負責的、坦蕩的，而是虛偽的、輕浮的、陰暗的。

為了選舉而選舉，為了反對而選舉，為了激化矛盾和仇恨而選舉，為了癱瘓特區政府運作、搶奪特區管治權而選舉，亂港勢力利用香港選舉制度漏洞煽風點火乃至登堂入室，早已使香港原來的選舉變了味。

二

除了把選舉作為煽動和組織反中亂港活動的舞台，亂港勢力參與選舉還有更深層次的"用意"：企圖以其行為模式塑造選舉模式，讓市民誤以為"亂"是香港選舉的一部分；企圖以其勝敗狀況定義民主質量，讓市民誤以為有所謂"民主派"的選舉才是真選舉；企圖以其"民意"象徵掩蓋政治陰謀，讓市民誤以為亂港勢力代表社會的大多數，支持所謂"民主派"即是支持民意。

用更通俗的話來說，亂港勢力就是要讓市民覺得：沒有這些所謂"民主派"的選舉就不是選舉；他們沒有贏的選舉就缺乏公正；只有他們的全面參與和勝出，才代表了香港選舉制度的進步和民主質量的提升。多麼荒謬。

事實是，中央推動完善香港特區選舉制度，全面落實"愛國者治港"原則，反中亂港分子全面出局，但他們給選舉造成的負面影響和"遺毒"還客觀存在。比如：試圖以拒絕參與選舉否定新的選舉制度，將所謂"民主派"缺席當成搞"清一色"的證明。比如：試圖以煽惑市民放棄投票瓦解選舉的公信力，把壓低投票率作為其繼續對抗的手段。又比如：試圖以表面上的"政治冷感"孤立愛國愛港力量，用不正視、不承認、不尊重選舉結果弱化其代表性。

三

擺在香港社會面前的三個問題是：1. 所謂"民主派"不參選就意味著選舉無意義嗎？2. 選舉投票率低就意味著選舉結果代表性不足嗎？3. 沒有亂港勢力勝出就代表搞"清一色"嗎？

這三個問題，關係重大；釐清這三個問題，意義重大。或者說，只有讓香港社會和普通市民不為這三個問題所迷惑、所困擾，才能讓他們真正確立對選舉的正確認識，真正看清亂港勢力的本質面目，真正了解完善後的香港特區選舉制度的內涵。

四

第一個問題：所謂"民主派"若不參選對選舉有何影響？答案是影響甚微。

完善香港選舉制度，全面落實"愛國者治港"原則，包含兩層含義：一是新選舉產生的管治者必須是"愛國者"；二是只要是"愛國者"就可以通過選舉成為管治者。所謂"民主派"若不參選，或表明其不接受新的選舉制度、不認可全國人大的決定和特區相關法律；或表明其"自覺"將自己歸為"非愛國者"，認為自己不符合成為管治者的必要條件。新的選舉制度以"愛國者治港"為前提，體現均衡參與原則，具有更加廣泛的代表性。所謂"民主派"參與與否，從來不是衡量香港新的選舉制度的標準。

五

第二個問題：選舉投票率低對選舉有何影響？答案是影響不大。

選舉投票率是反映選舉熱度的一個指標，高不一定還是好事，低不一定是壞事。投票率高，未必反映了市民的政治參與熱情，也可能是因為社會"泛政治化"、民粹主義泛起、社會不穩定、處動盪狀態。投票率低，未必反映了市民的"政治冷感"，也可能是因為政治問題已破解，社會大局已穩定，市民已有清晰的、可信的預期。

選舉投票率的高與低，與香港的社會環境和發展階段有關，也與愛國愛港力量和亂港勢力的各自狀況有關。還有投票率內部結構的問題：若愛國愛港力量的投票率和參選人的得票率高，其他人的投票率和參選人的得票率低，反映的恰恰是愛國愛港力量的崛起、社會政治基礎的優化、"愛國愛港"民意的高亢、反中亂港聲音的消失。愛國愛港力量的"熱"與亂港勢力的"冷"恰是具積極意義的，香港完全沒有必要為選舉投票率高低而糾結。

六

第三個問題：沒有亂港分子勝出的選舉結果對選舉有何影響？答案是沒有影響。

選舉的公正性取決於三個方面：一是依法組織；二是程式透明；三是人選合格。只要選舉結果是基於以上三點產生的，便受法律保護，必須予以尊重。世界任何地方的選舉都不會以反對派的勝出與否作為評判選舉結果公正性的理據。否則，證明的只會是選舉結果被預置、選舉過程被操控，更不能體現選舉的公正性。

七

面對民主選舉，香港社會應該從舊有的迷思中走出來，擺脫過去被亂港勢力煽惑、誤導、綁架的局面。完善香港特區選舉制度，就是為了確保國家牢牢掌握完善香港特別行政區選舉制度主導權，維護香港特別行政區社會大局繁榮穩定。只要特區政府依法組織開展，市民審慎行使民主權利，參選者以服務香港、服務市民的初心出發，社會各方從推動香港由亂及治、由治及興的大局考慮，選舉就是成功的，新的管治隊伍就能帶領香港走向新的未來。

"適可而止"，
不是香港撥亂反正的方法論

2021.07.29

對香港之變，香港社會感受直接、體會深刻，總體上支持擁護。也有一些人對此"陣痛"感到太突然，有些不適應，又或者對香港國安法的執行力度和全面落實"愛國者治港"原則的貫徹力度持保留意見，認為當"適可而止"，不必"剩勇追窮寇"。這些人或有良好的初衷，亦未必不是為香港長遠計，但這種"見好就收"的思想觀點和思維方式大有問題。

剖析這些人的思想根源，無非以下幾個原因：一是隨著反中亂港勢力被全面清理，以為香港穩定局面已堅若磐石，不必再窮追猛打；二是隨著特區選舉制度系統完善，以為香港政權機構已安全無虞，不必再對反對派求全責備；三是擔心香港國安法始終保持高壓狀態，會讓香港普通市民草木皆兵、無所適從，破壞香港作為自由民主社會的傳統生活方式；四是擔心"矯枉過正"會造成管治"清一色"的發展局面，損害香港作為多元社會的價值精神；五是高度在意西方社會對香港的觀感，總是按照西方輿論觀點審視香港之"變"，自信和底氣仍然缺乏。

因為看到了香港"變"而沒有看到香港的"不變"，因為對"變"的必要性、迫切性認識不足，以香港的過去為基準否定今天的香港之"變"，又以今天香港之"變"否定明天香港之"變"，所以懷著悲觀情緒看待香港時局，並希望香港之"變"到此為止。也正基於這種認識和思想，一些人覺得香港撥亂反正的力度和節奏需要降下來。這些人反對"矯枉過正"，主張"見好就收"；反對"大破大立"，主張"小修小補"；反對"始終堅持"，主張"適可而止"。他們不認同全面的、系統的、徹底的撥亂反正，總是瞻前顧後、左右逡巡、患得患失，認為香港現在的撥亂反正"猛了些""過了火"、大可不必。

這些人大概形成了以下幾個想法：一是要給香港國安法"降降溫"，減少執法力度也減少宣傳力度；二是要給香港反對派多些"寬容"，不要一直用國安法的"手電筒"照他們，能放一馬是一馬；三是為了證明不搞"清一色"就必須吸納非愛國者的政治參與，對相關人士選舉資格審查的標準可以"下移"一點；四是撥亂反正是香港社會各方政治參與者的事，跟普通市民沒有關係，不好影響他們，不能涉及他們。這些想法表面上"穩妥""寬厚"，貌似"博愛""仁慈"，但真的靠譜，真的是在為香港、為香港市民負責嗎？

我們可逐一明辨之。

就香港國安法來說，既然已經頒佈施行，就得有法必依，就需一以貫之，就不能一曝十寒；否則，有法不依本身就是違法，選擇性執法本身就是瀆職。法律具有強約束性，維護國家安全也不是"一錘子買賣"，"合意則取，不合意則捨"既損害法律威嚴，更會讓維護國家安全的各方責任不能有效夯實。唯有對反中亂港勢力和活動保持高壓態勢不變、執法力度不減，特區維護國家安全才可謂真正建立了"銅牆鐵壁"。中央態度已經明確，香港國安法的執法力度只會加強、不會減弱，香港對國安法的宣傳也只能走深、走實，確保社會各方在維護國家安全上"入腦入心""見言見行"。

就反對派的調整和政治參與來說，頒佈施行香港國安法和完善特區選舉制度已經明確和建立了新的法律秩序和政治規矩，這是底線要求，是香港版的"一票否決機制"。要求反對派作"適當調整"，是要其從無序發展走向有序發展，從違規參與走向合規參與，從亂局製造者走向香港繁榮穩定的建設者。完善香港特區選舉制度，不搞"清一色"，但中央不會為了不搞"清一色"而在底線標準上打折扣，不會在底線要求上與反對派討價還價。也就是說，"愛國者治港"這一原則在落實上必須是徹底的，反對派能不能參與特區政權機構取決於反對派自身的"改造"結果，不會以反對派存在與否來證明香港民主實踐的品質和先進性。

就撥亂反正對香港普通市民的影響來說，"國安家好"是基本邏輯、現實邏輯，也是關係市民最根本利益和最廣泛福祉的發展邏輯。一方面，香港的撥亂反正不是與市民無關，而是每一位香港市民的共同責任；另一方面，香港的撥亂反正必須觸及社會各方，這種聯動是確保"一國兩制"行穩致遠、實現香港長期繁榮穩定發展的基礎保障。市民應當看到，撥亂反正確立的是最低標準而不是最高標準，是護佑他們的利益而不是損害他們的利益。市民只有自覺協同撥亂反正，學會向反中亂港勢力說不，敢於與反中亂港勢力鬥爭，才能卸下心理負擔、走出認識誤區，坦然奔赴夢想的未來。

香港社會對撥亂反正的認識可以更積極些。其實只要有以下幾個基本認識，便會理解撥亂反正，支持撥亂反正，擁護撥亂反正，願意貢獻撥亂反正。一是撥亂反正是必要的而不是可有可無的，2019年"修例風波"的教訓已經足夠深刻；二是撥亂反正是緊迫的而不是能緩則緩的，香港亂局已經威脅到了"一國兩制"的行穩致遠，關係香港根本；三是撥亂反正是有理有節的而不是漫無邊際的，整治的僅是亂象亂局，端正的僅是法律底線，完全是在國家憲法、香港基本法和香港國安法及相關選舉法律法規等制度框架下開展，完全不會改變特區的資本主義制度和生活方式；四是撥亂反正是方法論，目標就是為了“一國兩制”行穩致遠。

香港社會那些尚有迷思的人，如果還有良好的初心，如果真的是為香港好，真心希望“一國兩制”香港實踐走好走遠，就應該用自身的言行呈現出來，轉化為貢獻香港撥亂反正的積極力量；就應該懷著對香港未來的憧憬和期待，主動去驅散那些所謂的“苦情”氣息，不受其迷惑和侵染，以樂觀以奮鬥邁出新的人生步伐，溫暖並成就香港這個家。

沒有共產黨就沒有"新香港"

2021.06.30

　　隨著香港撥亂反正，大是大非問題得以釐清，香港社會已開始重新審視並把握中國共產黨與香港的關係。這一步儘管來得太遲，早在香港回歸祖國之日就應該邁出，但終歸是歷史的進步、時代的進步、香港的進步。基礎不牢，地動山搖。確立中國共產黨在香港的地位，關係香港長期繁榮穩定，正是全面準確貫徹落實"一國兩制"的最大基礎。這一基礎，必須得到夯實。

　　中國共產黨與香港的關係，可以從多個維度展開。一是沒有中國共產黨領導的新中國，就不可能解決歷史遺留的香港問題；二是沒有中國共產黨創立的"一國兩制"，香港回歸後就不可能有保持長期繁榮穩定的最佳制度安排；三是沒有中國共產黨領導這一根本保證，就難以守護"一國之本"、發揮"兩制之利"，推動"一國兩制"事業在香港行穩致遠。或者說，香港過去之歷史、現實之發展、未來之前途，均與中國共產黨息息相關，不曾分離亦無法脫離。

　　中國共產黨與香港的關係，是政治現實問題。中國共產黨作為國家執政黨，全面領導國家；香港特區作為地方行政區域，必須接受中國共產黨的全面領導。所謂政治現實，就是說中國共產黨在管治香港上擔負最終責任、掌握最終權力、享有實際地位、具有實際角色。不正視這一政治現實，就是否定香港回歸的歷史，就是瓦解香港發展的根基。

　　中國共產黨與香港的關係，是依法治港問題。中國共產黨領導是中國特色社會主義最本質的特徵，已經寫入憲法。而中國特色社會主義，不僅包括在內地實行社會主義制度，還包括在香港實行資本主義制度。在香港特區落實 "一國兩制" 方針，恰恰是中國特色社會主義制度的表現。所謂依法治港，就是說首先要依憲治港，明確中國共產黨在國家的地位和在香港的地位，明確中國共產黨在領導內地實行社會主義制度上的角色和在香港實行資本主義制度上的角色。不遵循這一憲法精神，就是否定中國共產黨的全面領導權，就是突破基本法設定的香港特區的高度自治權。

中國共產黨與香港的關係，是香港的前途命運問題。中國共產黨是 "一國兩制" 的創立者和領導者，更是踐行者和維護者。因為中國共產黨，才有了 "一國兩制" 在香港的實踐；只有堅持中國共產黨的領導，"一國兩制" 才能行得通、辦得到、走得遠。按照基本法規定，要確保香港特區保持原有的資本主義制度和生活方式五十年不變，堅持中國共產黨的領導是根本保證；回答香港 2047 年後的前景問題，也唯有堅持和依靠中國共產黨的領導。不貫徹體現這一要求，就是對 "一國兩制" 的發展未來不負責任，就是對香港的前途命運不負責任。

中國共產黨於香港，地位重要、角色關鍵、作用關鍵，正視並接受中國共產黨當是香港社會的基本步，認同與擁護中國共產黨當是香港社會的公約數。隨著香港撥亂反正，香港社會再次釐清這一問題，舉辦主題論壇明晰之，開展宣講活動重申之，更重要的是全面客觀看待中國共產黨為香港同胞謀幸福的歷史貢獻和使命初心，全面跟隨參與中國共產黨領導香港同各族人民一道走向復興的時代進程和偉大事業。

沒有共產黨，就沒有 1997 年後的新香港；沒有共產黨，就沒有 2047 年後的新香港。在中國共產黨領導下推進 "一國兩制" 事業，香港的明天繫於此，市民的美好生活繫於此。這一條樸素且根本的道理，需要香港社會銘記。

香港的"時代之問"

2021.05.29

一

全國人大常委會通過香港基本法附件一和附件二修訂案,系統性修改完善香港特區選舉制度。隨後,香港特區立法會通過《2021年完善選舉制度(綜合修訂)條例草案》。對此,國務院港澳辦發言人評價說:(這)標誌著完善香港特別行政區選舉制度涉及的本地立法工作全面完成。這是依法治港、撥亂反正的又一重大制度成果,將開啟香港良政善治新篇章。

自香港國安法頒佈,香港特區一個個重大制度成果接續出現,立下香港撥亂反正的一個個里程碑。

二

香港的時代之變,是生動且具體的。完善香港特區選舉制度,既是推動這"變"的主要原因,亦是體現此"變"的標誌事件。

——在不到兩個月的時間裏,特區完成了對8部主體法例和24部附屬法例的修訂,形成17萬餘字的法律制度,凸顯了香港新時代的管治氣象。

——在不到兩個月的時間裏,特區立法會內務委員會先後召開

5 次會議討論本地立法原則和政策，立法會法案委員會密集舉行 12 次會議，特區政府共提出 369 項修正案，凸顯了香港新時代的立法氣象。

沒有議而不決，不再決而不行，立法會再無拉布，行政與立法同心同向，社會思穩向好，昔日香港政治亂象亂局俱往矣。這正是香港的新時代。

三

香港的新時代，來之不易。

香港國安法確立法治秩序，挽救了香港的法治體系；完善香港特區選舉制度確立政治秩序，校準了香港的民主實踐。香港從此由亂及治，開啟了由治及興的新征程。

那個一度陷入嚴重社會撕裂與內耗，一度為"黑色恐怖"籠罩、因街頭暴力破敗的"舊香港"一去不復還了；那個反中亂港分子招搖過市、愛國愛港力量步履維艱的"舊香港"一去不復還了。香港終究完成了"中國的香港"。在回歸後實現了"新的回歸"，在歷史上書寫了"新的歷史"。"一國"與"兩制"一體發展，"港人治港"找回基準，"高度自治"在中央全面管治下繼續光亮前行。

新時代下，香港之"變"還有更多表現：

——特區政府的政治執行力大幅提升，施政羈絆大幅減少，治理效能明顯提高；

——愛國愛港力量揚眉吐氣、全面崛起，為展現新的作為摩拳擦掌、競相出發；

——激進勢力湮滅，民主派調整，"違法達義"理念破產，"公民抗命"理據不存；

——立法機關運行順暢、秩序井然，司法機關自覺跟進並保持與新的法律制度的同頻共振；

——外部反華勢力在香港的基礎潰敗，只能"望洋興嘆"。

一句話，香港社會的主要矛盾已經變化，香港工作的重心已經變化，在確保香港長期繁榮穩定上，"發展"成為了香港的時代主題。

四

時代之變，催生時代之問。

發展於香港、在今天，已經具有了完全不同的環境條件。確立新的目標，邁出新的步伐，要求各方亟待釐清思路、釐定方向，心懷"國之大者"，奔赴"港之大者"。新時代下，香港需要明曉新方位，找到新方向。

五

大破大立帶來了香港發展的新機遇，也否定了香港不能作系統性調整改革的說法。

原來有些人可以說，行政長官有心無力、推不動改革；而現在行政主導已經牢固確立，不存在"決而不行"的問題。

原來有些人可以說，立法會紛爭不止、通不過議案；而現在行政立法關係已經理順，不存在"議而不決"的問題。

原來有些人可以說，商界聲音太大，基層聲音微弱；而現在選委會已經重組賦能，不存在"缺乏政治基礎"的問題。

原來有些人可以說，專注與反對派鬥爭，精力有限；而現在反中亂港勢力逐步肅清，不存在"無法聚精會神抓發展"的問題。

或者說，隨著香港新時代的到來，特區各方的工作重心發生了變化，中央評價特區各方的考核標準也發生了變化。如果說香港撥亂反正，解決的是香港各方政治判斷力、政治領悟力不夠的問題，那麼推動香港由亂及治走向由治及興，就是要解決和保證香港各方政治執行力的問題。而此"政治"，就是指香港各方在捍衛國家主權、安全、發展利益上眾志成城，在確保香港長期繁榮穩定上心無旁騖，在為香港市民謀幸福上傾情奮鬥。

新時代，就是要刷新香港回歸的"成色"：從低維的"地回來了沒亂""人留下了沒跑""路接上了沒斷"，發展至高維的"地方更美""人氣更旺""道路更闊"。

六

突破民生困局，重建發展格局，需要香港各方增強政治判斷力、政治領悟、政治執行力。

——政治判斷：解決香港經濟民生問題，就是解決香港政治問題，不能推卸責任。

——政治領悟：解決香港經濟民生問題，必須擺脫路徑依賴、調整利益格局，不能再走老路。

——政治執行：解決香港經濟民生問題，需即刻啟程、馬上行動，不能瞻前顧後。

拿出雄心魄力，刀刃向內，敢啃硬骨頭，主動壓實特區自己的責任，解決香港經濟民生問題才可行、才可持續，特區才不會變成"巨嬰"，才能真正提高管治能力，肩負起"港人治港"的初心使命。

七

新時代呼喚香港更多的變化，既是城的氣象，更是人的氣象。

特區的管治者，應該走在前列，幹到實處，有心有力，有言有行。

還是那句話："大人，時代變了！"

香港的 2047

一

在香港獨特的"被塑造"的歷史文化和社會觀念中，有一些時點具"標誌性"意義，有一些事早已習以為常。甚至一些香港人，將之看作香港本身，認為其代表了香港全部的核心價值和基本精神。其執念，讓他們畫地為牢，難以跟隨這時代，並讓他們陷入深深的沉鬱和焦慮中，無法正視眼前的一切，無法接受一個正蛻變的香港。

自香港國安法頒佈實施，香港在系統嬗變中深刻調整，真正邁進了"一國兩制"的新時代，而對"變"與"不變"的認識論，香港一些人仍未理清，"陣痛"還未消弭。

於舊時代的"留戀"，在新時代的"彷徨"，對於香港何去何從，他們內心錯亂，欲辨明也欲逃避。他們需要跨過這心坎，看到一個正漸進的更光亮的香港，驅散其心頭的"陰霾"，在新時代輕裝上陣，積極奔赴。

二

香港變化也大。因為"變"的劇烈、"變"的生動、"變"的深刻，讓“變”顯得醒目，讓“不變”在一些人眼中顯得“黯淡”。香港社會的一切“陣痛”，正源於此。

他們或認為，“變”似乎太多了，“不變”似乎模糊了，相識的香港已成過去，現實的香港太過“陌生”。

他們看到了香港的“變”，卻沒有意識到香港的“不變”，沒有理清“變”與“不變”的辯證法，沒有看到“解決根本問題”和“一國兩制”行穩致遠的真正統一——“變”為的是服務於“不變”。

確立“不變”的主旋律，才是打破香港社會迷思的法門，才是香港社會度過“陣痛”的密鑰，才是香港一些人放下執念，不在一些具體時點、一些具體事情上糾結的關鍵。

三

事實是，“不變”一直是根本，一直是目標。

2021 年 2 月，中央駐港機構主要負責人曾在一次活動上表示：“我知道，很多人都在想，香港接下來會怎樣？還會有什麼變化？我想說，變與不變，是客觀的、辯證的、發展的。過去一年的香港之‘變’，是撥亂反正。把‘變形’和‘走樣’的都糾正過來，‘一國兩制’必將沿著正確的方向行穩致遠。”在講話中，他給出了“四個判斷”：

——“一國兩制”的方針不會變；

——憲法、基本法賦予的各項權利不會變；

——大家習慣的生活方式不會變；

——自由市場優勢和面向世界的格局不會變。

按照國家體制內的表達規範和習慣，這“四個判斷”，其實就是“四個承諾”，剖析其中更深層次的思想邏輯，更能看清“不變”

於"變"的主導性:

1. "變"只是為了解決"變形"和"走樣"的問題;

2. "變"只是方法手段不是目標方向;

3. "變"以"不變"為基礎,以"不變"為基準;

4. "變"服務於"不變",服務於更好的"不變"。

或者說,香港之"變",正是以"不變"為前提,用"不變"來考量,為了"不變"而"變",就是為了"一國兩制"在香港的行穩致遠。

香港社會有必要認識到中央一系列管治動作的背後,有良苦用心,有長遠謀劃,有對國家和香港歷史和現實的高度負責:以"變"確保實現"不變",以"不變"設計推進"變";始終堅持"不變"的主題、主線,守護"不變"的基準、基礎。

四

2047,一個未來想像。2047年以後的香港,大局也早已確定。"一國兩制"在香港的"不變",不會止於2047年。頒佈施行香港國安法、完善香港特區選舉制度,更不是為了2047年的"變"而"變"。

2047年以後的香港,還將是國家港澳機構負責人反覆強調的——"一國兩制"的方針不會變,憲法、基本法賦予的各項權利不會變,市民習慣的生活方式不會變,自由市場優勢和面向世界的格局不會變。2047年以後的香港,還是施行資本主義制度的香港。

沒有"變形"和"走樣",維護國家安全有力,保持長期繁榮穩定,"變"沒有理由,"不變"基礎穩固,"一國兩制"就可以行穩致遠。"一國兩制"香港實踐此"致遠",無期。

五

香港的撥亂反正，聚焦解決的是"一國兩制"在香港"行穩"的問題。不"行穩"不能"致遠"。

香港社會需要意識到的是，香港的撥亂反正尚未完成，維持社會穩定繁榮要久久為功，稍有鬆懈，正蟄伏觀望、尚存僥倖的反中亂港勢力就會捲土重來。

要"致遠"必須"行穩"。香港社會需要想清楚的是，在香港的今天，矯枉過正是必要的。"陣痛"終究過去，香港的政治民主發展在建立政治互信後，一定會有更大的空間和可能，朝著基本法確定的目標堅實前進。

香港一些人，不妨多給香港一些耐心，多給自己一些耐心。放下焦慮，且等待，且憧憬，且跟著這時代進步。在不遠的未來，遇見更好的香港、更好的自己。並在某天回望時，站在海闊天空的維港，淡笑曾經的迷惘。

香港建制派的未來狀態

2021.03.20

一

在困難的時期予以鼓勵、報以鮮花掌聲，在勝利到來之時給予砥礪、明確要求期望，這是我們對待同志一貫的態度和做法。對待香港建制派，我們同樣如此。

二

中央對港履行全面管治權，制定實施香港國安法，完善特區選舉制度，"愛國者治港"原則全面落實。"港人治港"不變，政治局面刷新，愛國愛港者的舞台極大擴展，這無疑是香港建制派長期以來所期盼的。

多年來，他們熱情而孤獨，宛若"針尖上的舞者"，在與反對派和反中亂港勢力的鬥爭中艱難前行，付出也多，代價也大。他們選擇與建制站在一起，卻一直被視為香港的"少數派"，被不時泛起的不良社會思潮所淹沒，陷於政治參與和活動空間的沉重壓抑中。如今，中央出手，香港止暴，政治秩序重建，反中亂港分子出局，在香港新的建制舞台上，他們終於可以昂首挺胸，實現真正的崛起了。

這新的局面，寓意著香港社會主要矛盾新的變化：以開展政治鬥爭為主轉為以推動經濟發展為主，社會的主題從內耗與紛爭走向改革與建設。過去，人們會問建制派夠不夠堅定；今後，人們會問建制派能不能勝任。

從是與非的拷問到優與劣的審視，香港建制派已經面臨新的使命任務。

三

重申 "愛國者治港"，不僅針對反對派。

全面落實 "愛國者治港" 原則，衝擊了反中亂港分子，他們看到了政治命運在行政、立法、司法建制體系內的終結；全面落實 "愛國者治港" 原則，衝擊了香港反對派，他們看到了 "適當調整" 的必要，"不適當調整" 的無以為繼；全面落實 "愛國者治港" 原則，也在衝擊香港建制派，他們需要證明自己是真正的 "愛國者"，有參與治港的能力。

香港由亂到治後，社會的相關討論正在聚焦香港建制派，有期望有批評，甚至有否定。早前，內地某學者拋出 "忠誠的廢物" 一說，勉勵香港建制派，讓全港矚目。建制派陣營中，有人附和，以為警戒；有人憤怒，以為羞辱。香港建制派已經成為 "愛國者治港" 落實中的主角，正被整體審視和重新審視。

四

"愛國者" 與建制派未必是一個概念。

2020 年 8 月，全國港澳研究會副會長、香港特區政府前中央政策組首席顧問劉兆佳即公開指出：在香港有兩個詞語要搞清楚，一個是"愛國者"，一個是"建制派"。以前以至現在仍然有很多人將這兩個詞混在一起，認為愛國者治港就等於是建制派治港。這肯定不是的。

劉兆佳點出的香港建制派存在的一些問題，算是真正的直言不諱了。從理論和邏輯分析，"愛國者"和"建制派"還有更多區別：

1. "愛國者"是理想和抽象的概念，強調立場和情操；而"建制派"是現實概念，更多體現的是當前站位和某種政治角色。

2. "愛國者"有普遍意義，是社會和群體概念；而"建制派"有特殊意義，屬政治派別。

3. "愛國者"無法偽裝，基於一貫連續的表現；而"建制派"可以扮演，可以被歸併同類項。

4. "愛國者"不附加利益色彩，需是純粹的；而"建制派"在利益格局中，未必單純。

放在具體的歷史條件和政治場景下，或者我們可以說，"愛國者"可以成為建制派，而"建制派"未必是"愛國者"。或者我們又可以說，"愛國者"是一個更基礎和更高級的概念，是建制派所應該具有的第一身份、首要定位。

五

同樣，"愛國者治港"不等於"建制派治港"。

當"愛國者"後面加上"治港"二字，對"愛國者"的要求也提升了。"愛國者治港"所說的"愛國者"當然需要忠誠，但忠誠不是界定此"愛國者"唯一標準、充分條件。

近來，香港社會討論"愛國者治港"，或批評香港現建制陣營能力不濟，希望對此 "愛國者" 的定義詳加闡述。《文匯報》更發起討論，提煉 "愛國者" 應具備的 "六大能力"。這些，同樣說明香港社會對 "愛國者治港" 所說的 "愛國者" 有高於一般 "愛國者" 的期待。

實則，中央重申 "愛國者治港" 原則，既明確了政治要求，也包含了能力要求：

1. 中央對參與 "治港" 的 "愛國者" 有更高要求。

2. 愛國立場與治港能力，均是 "愛國者治港" 的內涵。

3. 建制派要參與 "治港"，既要忠誠，又須勝任。

也就是說，香港建制派要把握新機遇，佔領反中亂港勢力出局後空出的陣地。只是 "愛國" 不行，只有 "能力" 也不行，既不能是 "忠誠的廢物"，也不能是 "高級黑"。這不是針對現有建制派統而論之，而是一種要求和標準、一種希望和期許。這兩個方面，均需香港建制派認真想想，"愛國" 是否真的堅定，"治港" 是否真的有為。

全面落實 "愛國者治港" 原則，建制派要參與其中，便要對自己高標準、嚴要求，保持初心真情，做到能征善戰。香港建制派須謹記，信仰是神聖的，有為才能有位。

六

香港建制派的未來狀態，需要他們自己去塑就。

新形勢、新任務下，要做適當調整的不僅是香港反對派，也包括香港建制派。他們應準確識別、主動求變，檢視自身的不足。在國家和香港需要時，真正能夠站出來，貢獻行政主導和特區治理效能的提高。

　　隨著香港國安法落地生根、選舉制度完善，"愛國者"被賦能，全面崛起，空間打開，舞台寬廣。唯有政治立場鮮明、能力儲備過硬，香港建制派才能在"愛國者治港"新的版圖上寫上自己的名字，留下自己的足跡。

　　香港建制派一直是香港特區治理資源的重要組成。在獲得更多的資源、更大的平台後，在外部矛盾、敵我矛盾相對下降後，他們有必要調整工作的重心，優化工作的方法，增強凝聚力、戰鬥力，同香港的政治局面一樣刷新自我。

　　最關鍵的是：1. 不要辜負；2. 不要內鬥。團結一致向前看。如全國政協副主席董建華之前對香港的期望：在"起來"後"前進"，用踏踏實實的努力，為香港和自己打拚更光明的前景。

香港反對派的"重生"之路

2021.02.27

一

今日之香港，"變"從點上激發，向面上擴展，正要衝破一切固有的屏障，讓構成社會的一切都開始審視和反思，自覺或不自覺地追求與"變"的耦合，完成轉變，實現適應，達至新的平衡。

在這之中，一個香港普通市民正確看待"變"和正確認知"不變"的依據，就是香港反對派的生存發展問題。也就是說，在這一"變"的過程中，對香港反對派怎麼看、香港反對派會怎麼變，印證著"變"的深度和意義，也體現着"不變"的設定和初心。

二

對此問題，中央其實早有思考。

2021年2月22日，夏寶龍主任在講話中專門強調：我們強調"愛國者治港"，絕不是要搞"清一色"。香港絕大多數市民素有愛國愛港的傳統，"愛國者"的範圍過去是、現在是、將來也是廣泛的。香港中西文化交融，社會多樣多元，一部分市民由於長期生活在香港這樣的資本主義社會，對國家、對內地了解不多，甚至對國家、對內地存在各種成見和偏見。對這些人的取態，中央是理解和包容的，也堅信他們會繼續秉承愛國愛港立場，與反中亂港分子劃清界限，積極參與香港治理。

對這一表態，我們可以有 4 點理解：

——香港的反對派陣營或者泛民主派陣營，從整體而言，不是香港國安法的打擊對象。

——政治多元是“一國兩制”的應有內涵，也是“一國兩制”所設計的某種特殊性的具體體現，甚至具象徵和指標意義。

——中央對一些反對派人士有理解並包容，所謂包容就是允許存在。

——反對派陣營不等於反中亂港分子，與反中亂港分子劃清界限後的反對派可以“積極參與香港治理”。

如此看來，香港國安法實施後，香港選舉制完善後：1. 香港反對派的生存發展不是問題；2. 香港反對派在香港治理體系中留有位置；3. 堅持“愛國者治港”與對香港反對派的政治包容並無衝突。

一言以蔽之，香港反對派作為一個陣營，有生存改造的空間，也有參與香港治理的某種空間。香港反對派，可以在香港國安法實施後，在完善香港選舉制度後，在政治上、社會上發揮作用、有所作為。

三

香港的大破大立，有規矩，有基準，有清晰的目標。早前，靖海侯曾概括，大破大立是認識論，是方法論，是辯證法，可從以下維度來看：

1. 理清破與立的關係，認識到變為得是服務於不變，不變才是目的，這是“一國兩制”行穩致遠的邏輯基礎。

2. 把握破與立的節奏，認識到有為建基於有序，須以"陣痛"消除"長痛"，並能夠承受一定的代價，這是實現香港由亂及治的現實路徑。

3. 擘畫破與立的藍圖，認識到特殊時期與正常階段的邊界，何時以破為主、何時以立為主，破與立的具體構成和主要指標，這關係確保香港長期繁榮穩定的戰略安排。

中央對"一國兩制"有理論自信和制度自信，有戰略定力和戰略耐心。香港反對派應該認真品味、深刻反思、與時俱進，主動推動自身之"變"，看清方向，找準定位，實現"重生"。

四

香港反對派的"重生"之路，就蘊藏在"變"中。

港澳辦負責人此前曾表示，希望香港反對派作出一些"適當的調整"。此期望，亦是警示。繼續選擇與反中亂港分子為伍，站在錯誤的一邊而不是站在正確的一邊，香港之變對他們來說就意味著滌蕩，他們終被歷史前進的大潮吞沒；繼續為反而反，泛政治化，將經濟民生問題上升為反體制、反政府的行動，香港之變對他們來說就意味著淘汰，他們終被撥亂反正的鐵蹄踏平；繼續挑戰中央全面管治權，挑戰"三條底線"，不維護國家主權、安全、發展利益，香港之變對他們來說就意味著災難，他們終被國安法的牙齒咬碎。

香港反對派更有選擇空間，有調整空間：轉為"建設性力量"，致力於維護香港繁榮穩定，而不是一心製造內耗、撕裂；轉為"愛國者"，堅決與外國反華勢力割席，而不是與之沆瀣一氣、狼狽為奸；甚至轉為某種意義上的"建制派"，對特區政府施政是其是、非其非。

在香港正要鞏固確立的新的政治秩序、社會秩序、法律秩序中，調整後的香港反對派應該看到：實現生存發展的基礎不是薄弱了，而是更厚實；可以有效作為的空間不是狹窄了，而是更廣闊；政治影響力在健康有序的軌道上可以拓展，而不是湮滅。

這一切，都會因反對派識時務而來，因其準確識變、科學應變、主動求變而來。

五

世界潮流浩浩蕩蕩。能改變香港反對派無力局面的，只有香港反對派自己；能改變香港反對派的，也只有香港反對派自己。

香港的潮流，就是"一國兩制"行穩致遠，就是愛國者的崛起。香港反對派的希望，就在正視此潮流、趕赴此潮流中。

治港，什麼才是"愛國者"？

2021.02.11

一

"港人治港"，是香港特區在中央授權高度自治範圍內的管理方式和運作模式，既是"一國兩制"的應有之義，也是"一國兩制"的具體體現。

"港人治港"以一種管治理念和治理方法提出，寫入基本法中，直接確定了香港特區全面落實中央管治權的政治路線、組織路線和幹部方針政策。

"港人治港"的表義是清晰的。但對於"港人治港"的內涵和外延，香港坊間卻多有誤區。對於香港反對派來說，這一"概念"更大有文章可作：

——理解上的簡單化，認為"港人治港"就是香港人治理香港，任何香港人都可以治理香港；

——認識上的片面化，認為"港人治港"淡化了中央角色，排除了中央涉港機構在香港的地位和作用；

——思想上的極端化，認為"港人治港"意味著香港的"完全自治"、香港人的"全面管治"。

以錯誤的認識影響社會的認知，用錯誤的社會認知製造民意的逆流，挾民意的逆流煽動政治的對抗，香港回歸以來，反對派就是

通過宣傳利用他們理解的"港人治港",頻繁解構、衝擊、挑戰香港的憲制秩序:

——以港人之名,通過擴張自治權,否定"中央授權"的本質;

——以民主之名,通過選舉代理人,實踐"本土自決"的陰謀;

——以普選之名,通過栽培特首"跑馬仔",追逐"和平演變"的可能。

太長時間以來,"港人治港",因被主觀誤導、刻意扭曲,某種程度上竟成為風險點,成為落實中央全面管治權的障礙。

二

不能正本清源,所以爭議不止;只有正本清源,才能定分止爭。"港人治港"不是可以"任人打扮的小姑娘"。

2014 年,《"一國兩制"在香港特別行政區的實踐》白皮書發佈。它堅持問題導向、目標導向和結果導向,針對"港人治港"理解和實踐的問題,作出了全面清晰的闡釋:"港人治港"是有界限和標準的,這就是鄧小平所強調的必須由以愛國者為主體的港人來治理香港。對國家效忠是從政者必須遵循的基本政治倫理。

無疑,"白皮書"推出當時,中央已經看到了香港的問題所在,已經預見了香港政治秩序可能的混亂。只是,香港的問題早已積重難返,在缺乏有力防範、矯正、懲治的情況下,危機終於在之後幾年集中爆發了出來。

或者說,中央早就意識到香港需要撥亂反正,但對香港的撥亂反正,直到 2020 年全國人大決定就香港國安立法,才找到了真正的"抓手",實現了認識論和方法論的真正統一。

——要治理好香港,必須"反中亂港者出局",必須用制度保證"反中亂港者出局"。

——要治理好香港，必須"愛國愛港者治港"，必須用制度保證"愛國愛港者治港"。

——要治理好香港，必須堅持全面的準確的"港人治港"，必須用制度保證特區行政、立法、司法等機關均要由愛國者治理。

所以我們看到，2021 年 1 月 27 日，國家主席習近平在聽取林鄭月娥述職報告時強調：香港由亂及治的重大轉折，再次昭示了一個深刻道理，那就是要確保"一國兩制"實踐行穩致遠，必須始終堅持"愛國者治港"。這是事關國家主權、安全、發展利益，事關香港長期繁榮穩定的根本原則。

人們需要注意的是，相比小平同志的講話，國家主席習近平的論述又有新的發展：

——愛國愛港是統一的，堅持"愛國者治港"，就能確保"一國兩制"實踐行穩致遠。

——國家主權安全發展利益與香港長期繁榮穩定是統一的，堅持"愛國者治港"，就能保障國家和香港的各種根本利益。

——落實中央全面管治權和解決香港深層次問題是統一的，堅持"愛國者治港"，就能一體謀劃推進國家和香港的未來發展。

更重要的是，"港人治港"所要求的愛國者，當是根本的、基本的，當是純粹的、全面的、普遍的。所謂"以愛國者為主體"，為的就是保證和實現"愛國者治港"。

也就是說，堅持以愛國者為主體的"港人治港"，強調的只有三個字："愛國者"！

三

孫中山先生說，做人最大的事情，"就是要知道怎麼樣愛國"。愛國主義是具體的、現實的。"港人治港"的愛國者，也是有明確定義和具體指引的。

結合國家歷史與現實，結合香港歷史與現實，我們還可以給"愛國者"制定更為具體的定義。

從正向的 7 個維度來看，"愛國者"應當：

——愛歷史的中國，愛當今的中國；

——尊重中華民族，認同民族身份；

——擁護國家主權，擁護"一國兩制"；

——維護香港繁榮穩定，推動香港繁榮穩定；

——遵守國家憲法，遵守香港基本法；

——擁護中央全面管治權，維護特區憲制秩序；

——擁護祖國統一，為實現祖國統一而努力。

從反向的 9 個維度來看，"愛國者"應當：

——不能以愛中華文化替代愛國、替代愛中華人民共和國；

——不能以愛港替代愛國，不能以愛香港人替代愛中國人，讓香港居民身份優先於國家公民身份；

——不能將"兩制"與"一國"等量觀之，不能將"兩制"凌駕於"一國"之上，不能將"一國"與"兩制"關係視為矛盾衝突；

——不能承認國家主權而否定中央授權，不能將"高度自治"視為"完全自治"，不能弱化中央管治香港的角色，不能否定中央駐港機構在香港的角色；

——不能視憲法與香港無關，不能視基本法為法律最高權威，不能選擇接受憲法規定的內容，不能用基本法排除憲法規定的要求；

——不能無視中國共產黨是國家執政黨的政治現實，不能尊重國家而不尊重執政黨，不能否定執政黨對香港的管治路線和方針；

——不能破壞香港繁榮穩定，不能以民主之名阻礙、干擾香港繁榮穩定；

——不能衝擊甚至顛覆香港的憲制秩序和建制體系，不能將特區行政、立法、司法等僅視為香港的政治體制，以為不涉及國家安全與國家利益；

——不能阻擾統一台灣。

香港國安法公佈施行後，香港有些人刻意提出一些問題，如可不可以喊一些口號，可不以可以罵一些官員，可不可以利用選舉制度獲得民意授權，可不可以站在台灣民進黨一邊等等。認真對照以上各條，不難找到答案。

四

在香港，於落實"港人治港"而言，既要解決作為"愛國者"的本分和職責問題，也要解決立德、立功的問題：

——有愛國的情懷，是否有愛國的勇氣？在面對政治鬥爭時，是迴避敷衍、明哲保身，還是立足本職進行鬥爭？

——有愛國的覺悟，是否有愛國的能力？在維護香港繁榮穩定上，是空喊口號、空泛表態，還是見人見事、有言有行？

——有愛國的操守，是否有愛國的行動？在解決香港深層次問題上，是追逐個人名利、盯著個人既得利益，還是團結群眾、服務基層、敢於自我革命，踏踏實實地做民生工程，為香港改革發展建言獻策？

　　在香港，更要警惕和解決一些人打著愛國旗號跑馬圈地的問題、內部傾軋的問題：

　　——和別人意見不一致，就扣上一頂不愛國的大帽子，說人家惜身不惜國、愛權不愛國；

　　——把愛國當作籌碼在兩地間討價還價，把愛國放在嘴上，把利益揣到兜裏；

　　——不實事求是，好大喜功，幹了點的事就誇大其詞，把弱項吹成強項、把問題包裝為成績；

　　——在北京愛國，在香港愛港，在英美親英美，把愛國愛港對立起來，當兩面人。

　　政治立場要靠政治效果來檢驗，在愛國上，同樣如此。愛國，不應當成為口號，也絕不容忍成為博取利益的籌碼、打擊隊友的武器、包裝自己的材料。

六

　　香港實現由亂及治的重大轉折，局面來之不易。完成這一轉折，鞏固這一局面，"港人治港" 是重要一環，"港人" 肩負重要責任。"港人治港" 的 "港人"，要做 "愛國者"。成為真正的 "愛國者"，當有不變的初心，當有持續的努力，當表裏如一、言行一致，當為香港、為國家作出實實在在的奉獻和成績。